Wilhelm Gwinner

Schopenhauer und seine Freunde

Verlag
der
Wissenschaften

Wilhelm Gwinner

Schopenhauer und seine Freunde

ISBN/EAN: 9783957007025

Auflage: 1

Erscheinungsjahr: 2016

Erscheinungsort: Norderstedt, Deutschland

Hergestellt in Europa, USA, Kanada, Australien, Japan
Verlag der Wissenschaften in Hansebooks GmbH, Norderstedt

Verlag
der
Wissenschaften

Schopenhauer und seine Freunde.

Schopenhauer
und seine Freunde.

Zur Beleuchtung der Frauenstädt-Lindner'schen
Vertheidigung Schopenhauer's

sowie

zur Ergänzung der Schrift:

« Arthur Schopenhauer aus persönlichem Umgange dargestellt»

von

Wilhelm Gwinner.

Leipzig:

F. A. Brockhaus.

1863.

Meine kleine Schrift: „*Arthur Schopenhauer aus persönlichem Umgange dargestellt.* *Ein Blick auf sein Leben, seinen Charakter und seine Lehre*" hat alsbald nach ihrem Erscheinen (1862) vielfache Theilnahme und reiche Anerkennung gefunden; dass auch die Gegner nicht ausblieben, konnte mich um so weniger befremden, als ich nicht allein nach verschiedenen Seiten hin starke Antipathieen gezeigt und empfindliche Stellen berührt hatte, sondern mehr noch der dargestellte Charakter selbst, gleichwie er das volle Maass der Ungunst bei allerlei Volk schon zu Lebzeiten genossen, nun auch nach dem Tode, je höher ich ihn gestellt, desto tiefer herabgesetzt werden musste. Nicht erwarten aber konnte ich, dass aus der kleinen Zahl der thätigen Anhänger des heimgegangenen Philosophen sich zwei zu einem Angriffe wider mich associiren würden, gegen welchen die Ausfälle der durch meine Darstellung direct oder indirect verletzten Gegner Schopenhauer's als Lobeserhebungen erscheinen. Mit diesem 762 Seiten dicken Gesellschaftswerke, betitelt: „*Arthur Schopenhauer. Von ihm. Ueber ihn. Ein Wort der Vertheidigung von*

 1

Ernst Otto Lindner und Memorabilien, Briefe und Nachlassstücke von Julius Frauenstädt" (Berlin 1863), haben die Genannten ihrem Meister einen Weihrauch angezündet, dessen erstickenden Qualm aus dem Tempel seines Ruhms wieder hinauszufegen nur der Macht der Zeit gelingen wird. Was hingegen den Staub betrifft, der dabei wider mich und meine Schrift aufgewühlt wird, so kann ich wohl sagen: hat je ein literarischer Angriff sich selbst verurtheilt, so ist es dieser. Gleichwohl darf ich meiner Neigung, ihn mit schweigender Verachtung zu übergehen, nicht folgen; denn er überschreitet das Gebiet der literarischen Fehde und geht ins Persönliche über, wo Stillschweigen für Eingeständniss gelten könnte.

Einst, im Gespräche mit Schopenhauer, habe ich *ad vocem* „Literat" scherzend gesagt: Gott bewahre Sie vor Ihren Freunden! und er antwortete mir: „Leider! Aber die andern schreiben eben nicht." — Dieses sein allzu weit getriebenes *Ignoscere amicis,* das unbedachte Vertrauen, mit dem er dem Eifer solcher Leute in der Verbreitung seines Namens und seiner Lehre dankte, hat er theuer bezahlen müssen! Ich habe dies mit Bestimmtheit vorhergesehen und deshalb, bald nach seinem Tode, aus Freundespflicht die Feder ergriffen, damit das lehrreiche Charakterbild dieses aussergewöhnlichen Menschen, zum wenigsten in der Hauptsache, nicht von vorne herein verpfuscht, verwischt und bekleckst würde, sondern der Nachwelt der reine, volle, wenn auch düstere und herbe Eindruck erhalten werde. Dass mir dies einigermaassen gelungen ist, dafür habe ich, wie gesagt, abgesehen von zahlreichen öffentlichen Urtheilen, die Zeugnisse solcher Anhänger und persönlichen Freunde Schopenhauer's für mich, die, obwohl sie überhaupt nicht oder doch nicht unbedingt für ihn schrieben, ihm doch geistig näher standen und auf deren Urtheil er höheren Werth legte, als auf das der sogenannten Evangelisten. Diesen aber war damit schlecht gedient. Denn nicht allein hatte ich eine Arbeit, zu der sie sich allernächst selbst für berufen hielten, vorweg genommen, sondern es war auch in meiner Lebensskizze Schopenhauer's zu ihrer eigenen Verherrlichung so wenig geschehen, dass man sich den „echten Schopenhauer" ohne Lindner, Frauenstädt und was daran hängt recht gut, ja richtiger vorstellen konnte, als mit diesem Embarras. Es war deshalb ein willkommener Anlass, dass ein Paar gegen Schopenhauer längst übelgestimmter Tagesschreiber *),

---

*) Ihren Hass gegen Schopenhauer erklären schon genügend Stellen wie Parerga, II, §. 226 fg.: „Ebenso ist man heutzutage wieder ungerecht gegen Raupach, zollt hingegen den Fratzen armseliger Pfuscher seinen Beifall ... Das Drama von politischer, mit den momentanen Grillen des süssen Pöbels liebäugelnder Tendenz, dieses beliebte Fabrikat unserer heutigen Literaten, habe ich natür-

von denen der eine bereits vor dem Erscheinen meiner
Schrift wegen Verleumdung des Verstorbenen mit ge-
richtlicher Klage bedroht worden, meine Mittheilungen
über Leben und Charakter desselben zu Schmähartikeln
gegen Schopenhauer benutzten. Jetzt war ich daran
schuld! Schopenhauer musste gegen mich vertheidigt
werden. Unter diesem Vorwand konnte man ungenirt
mit allen vom Meister empfangenen Ordenszeichen auf
die Parade ziehen. Ob dieser selbst dabei gewinne,
danach fragte man nicht, und so ist denn dieses Werk
zu Stande gekommen, mit welchem die Herausgeber
dem Andenken Schopenhauer's einen bleibenden Nach-
theil zugefügt, sich selbst aber ein *testimonium pau-
pertatis* ohne gleichen ausgestellt haben.

Im Gefühl der Unwürdigkeit seiner Production will
Herr Frauenstädt mich sogar für deren Form ver-
antwortlich machen; denn er sagt in der Vorrede,
S. IV: „Weit entfernt, durch das Gwinner'sche Buch
überflüssig geworden zu sein, ist das vorliegende
in seiner jetzigen Gestalt vielmehr durch dasselbe erst hervorgerufen worden." Der ausge-

---

lich nicht in Betracht gezogen: dergleichen Piecen liegen
bald, oft schon im nächsten Jahre, da, wie alte Kalender.
Das kümmert jedoch den Literaten nicht: denn der Anruf
an seine Muse enthält nur Eine Bitte: „Unser täglich Brod
gieb uns heute."

sprochene Zweck des Erzevangelisten, „dem Verkanntsein Schopenhauer's ein Ende zu machen“, ist, in der That damit erreicht: es ist jetzt kein Geheimniss der Wenigen mehr, die Schopenhauer's persönlichen Umgang und naives Vertrauen genossen, dass dieser starke Geist auch sehr schwach sein konnte, Mängel und Gebrechen hatte, die seinen absoluten, d. i. moralischen Werth gegen seinen intellectuellen Werth weit herabdrücken. Ich hatte die schlimmen Seiten seines Charakters nicht vertuscht, ich hatte ihn nicht besser gemacht als er war; aber ich hatte allen Nachdruck auf sein Urbild, auf die urkräftige, hochgeartete Originalität seines Geistes gelegt; den Kammerdienern des grossen Mannes war es vorbehalten, diesen der Welt im Negligé vorzuführen. Hätten sie dabei nur den nothwendigsten Anstand gewahrt! Aber nein, sie zeigen ihn in jeder Situation nicht etwa nur in Schlafrock und Pantoffeln, sie decken seine Blössen auf, hängen seine schmutzige Wäsche aus und geben ihn dem Spott seiner Feinde preis.

Und in demselben Machwerk, in dem sie dies thun, werfen sie mir vor, dass ich ein Geheimbuch Schopenhauer's vernichtet habe, ohne sie zuvor darüber zu Rath zu ziehen. Herr Dr. Lindner will nämlich wissen, Schopenhauer habe „im Laufe des späteren Alters“ eine „Schrift“ begonnen, die er Εἰς ἑαυτον überschrieben und in der er „eine Reihe von rein persönlichen Lebenserinnerungen“ habe niederlegen wollen, und veröffentlicht sodann, ohne mit mir über diese Angelegenheit zuvor in Verkehr getreten zu sein, die Stelle eines Briefs von mir an Dr. Frauenstädt, welche lautet: „Das Εἰς ἑαυτὸν war kein wissenschaftliches Manuscript, sondern betraf nur Persönliches, seine Privatverhältnisse zu einigen Personen, untermischt mit einigen Klugheitsregeln und Lieblingsstellen, wie er sie in alle seine Brieftaschen einzuzeichnen pflegte, und, soweit es ihm passend erschien, bereits in den Parergen benutzt hat. Es war ein Heft von etwa dreissig losen Blättern, aus dem er mir zuweilen etwas mitgetheilt hatte, und das, seinem Willen gemäss, nach dem Tode vernichtet wurde. Es ist möglich, dass er eine oder die andere Stelle für eine neue Auflage der Parergen noch zu benutzen gedachte, doch vermuthe ich, dass dies nur Variationen im Ausdruck betraf; denn er war gewohnt, jede Reflexion, die er für seine Schriften benutzen wollte, den wissenschaftlichen Manuscripten und deren Repertorium einzuverleiben."

Herr Dr. Lindner findet es „sehr seltsam", dass Schopenhauer selbst die Vernichtung dieser „Schrift" bestimmt haben solle. Mit Schopenhauer's Aeusserungen gegen ihn stimme dies durchaus nicht überein, Schopenhauer habe sich ihm gegenüber nur dahin geäussert, „dass diese Aufzeichnungen vor seinem Tode durchaus nicht gedruckt werden könnten", auch sei diese Anweisung schwer mit seinem überaus vorsichtigen Wesen zu vereinigen, wonach man kaum annehmen könne, dass er „die Vernichtung einer ihm so wichtigen Schrift ohne weitere Vorsichtsmaassregeln dem guten Willen eines Ueberlebenden anheimgegeben haben sollte." Wäre es den beiden Evangelisten auch nur einigermaassen um Schopenhauer's, geschweige denn meine Ehre zu thun gewesen, so würden sie, ehe sie grundlose gehässige Verdächtigungen in die Welt schleuderten, zuvor bei mir oder, falls sie bei mir nicht zufrieden gestellt zu werden hofften, bei andern nächststehenden Freunden Schopenhauer's weitere Erkundigung eingezogen und sich die öffentliche Zurechtweisung erspart haben. Ich sage Zurechtweisung, denn die Herren mögen sich nur nicht einbilden, dass ich, indem ich die Motive ihres Angriffs aufzeige, ihnen das Recht zugestehen wolle, mich zur Verantwortung zu ziehen.

Zunächst verdient Beachtung, wie genau Herr Dr. Lindner über Form und Inhalt, Zweck und Entstehungsweise des fraglichen Manuscripts von Schopenhauer unterrichtet worden ist. Was er nämlich darüber vorbringt, ist alles falsch mit alleiniger Ausnahme des Titels, welchen der Erzevangelist Frauenstädt in Schopenhauer's Handexemplar der Parerga citirt gefunden. Erst aus diesem Citat erfuhr der „Hochwürdige" selbst etwas davon. Der Meister hatte es nicht für gut gefunden, ihn, den Erben seines literarischen Nachlasses, auch nur von der Existenz dieser „wichtigen Schrift"

zu avertiren, geschweige denn ihm Verhaltungsmaass-
regeln zum Behuf der Herausgabe des *opus posthumum* zu ertheilen! Da er es nämlich nur für sich
selbst angelegt hatte, wollte er nicht, dass es nach
seinem Tode in indiscrete Hände übergehe oder gar
von solchen in die Welt geschickt werde. Die beiden
Evangelisten können sich nicht rühmen, dass er ihnen
jemals eine Mittheilung aus demselben gemacht hätte;
Andern aber hat er sie gemacht. Von mir nicht zu
reden, nenne ich nur Kreisrichter Becker in Mainz, den
ältesten lebenden Freund Schopenhauer's, und Bezirks-
gerichtsrath von Doss in München. Diese und Andere,
welchen Schopenhauer gemüthlich näher trat, hätten Herrn
Dr. Lindner unterrichten können, dass das Εἰς ἑαυτόν
weder eine „Schrift", im allgemein üblichen Sinn des
Worts, gewesen, noch von Schopenhauer „im Laufe
des späteren Alters. begonnen" worden, noch „eine Reihe
von Lebenserinnerungen" enthalten hat. Das Manuscript
bestand, wie gesagt, aus etwa dreissig losen Blättern,
war schon 1821 angefangen und in den darauf folgenden zwanzig Jahren allmählich entstanden. Im späteren Alter kamen kaum drei Seiten mehr hinzu. Den Inhalt
bildete kein fortlaufendes Ganze, nichts weniger als eine
Selbstbiographie, auch kein biographisches Material *),

*) Mit Ausnahme einiger kleinen Züge von Schwächen
seines Charakters sowie von dem Eindrucke seiner Persön-

vielmehr Privatnotizen über persönliche Verhältnisse, zum Theil in englischer Sprache, Aufzeichnungen, deren Vernichtung Schopenhauer's ausgesprochener Wille war, und welche ich, ohne den Zweck dieser Vernichtung zu vereiteln, selbstverständlicher Weise nicht näher bezeichnen kann. So zum wenigsten stand die Sache, als er die Bekanntschaft des „*Doctor indefatigabilis*" *) Ernst Otto Lindner machte. Da freilich, im Hinblick auf die grenzenlose Discretion an der Spree, ward er vermuthlich an seinem längst gefassten Entschluss irre und liess den neuen Evangelisten durchblicken, das Εἰς ἑαυτον gäbe nach seinem Tode pikanten Stoff für die — „Vossische". Allein sobald der mächtige persönliche Eindruck des Unermüdlichen vorüber war, stellte sich die alte Scheu des Philosophen vor dem Missbrauch der Presse wieder ein und er beharrte bei seiner Entscheidung. Dies bezeugt u. a. Becker in einem Briefe an mich vom 10. Mai 1863: „Die Beschuldigung, dass Sie das Εἰς ἑαυτον eigen-

---

lichkeit auf Fremde (S. 69 und 112 meiner Schrift), die er nicht mir allein, sondern mehreren Freunden daraus mitgetheilt hatte.

*) Diesen Ehrengrad ertheilt ihm der dankbare Meister für die Auffindung eines Artikels der Westminster Review (S. 112), gleichwie Frauenstädt für seine „Briefe über die Schopenhauer'sche Philosophie" die Würde eines „Erzevangelisten" erhält (S. 597).

mächtig vernichtet hätten, ist eine sehr gehässige und sehr unbegründet, da ich es aus Schopenhauer's Munde selbst weiss, dass er die Vernichtung wünschte." Was aber den „guten Willen des Ueberlebenden" betrifft, dem die Ausführung der Verfügung überlassen blieb, so steht es etwa dem *Doctor indefatigabilis* zu, daran zu zweifeln, nachdem Schopenhauer selbst, die Vollstreckung seines letzten Willens in meine Hand legend, sich deutlich darüber ausgesprochen hat? Angesichts des vorliegenden Gesellschaftswerks dagegen zweifelt alle Welt jetzt mehr noch als ich zu Lebzeiten Schopenhauer's, ob dieser vorsichtiger würde gehandelt haben, wenn er das Εἰς ἑαυτον an die literarische Officin der beiden Evangelisten adressirt hätte. Dass er dasselbe nicht selbst vernichtet, erklärt sich, abgesehen davon, dass er das Ziel seines Lebens noch weiter hinausgerückt wähnte, daraus, dass er einige Stellen in den Parergen benutzt hatte und vielleicht noch andere in der nahe' bevorstehenden neuen Auflage derselben zu verwenden gedachte. Ueberhaupt war er mit Verfügungen auf den Todesfall zögernd, sei's dass er den Gedanken an den Tod inmitten steigender Anerkennung nicht fassen wollte, sei's dass er die etwa nöthig werdenden Abänderungen solcher Verfügungen scheute. So musste ich ihn mehrmals an sein längst beschlossenes Verbot der Section erinnern. Dasjenige aber, was mir Schopenhauer über das fragliche Manuscript

gesagt und was er mir daraus vorgelesen hatte, konnte
in mir nicht die Ahnung erwecken, dass dasselbe jemals von habgierigen Erben, geschweige denn unbe-
rufenen Dritten als *opus posthumum* reclamirt werden
könnte; sonst ich nicht unterlassen haben würde, mir
Brief und Siegel über dessen Bestimmung von Schopenhauer ausfertigen zu lassen.

Gerade weil Schopenhauer keine Selbstbiographie,
keine Bekenntnisse, keine Memoiren, weder diesseits
noch jenseits des Grabes in die Welt schicken wollte,
gerade weil es seiner rein theoretischen welt- und
menschenscheuen Sinnesweise entsprach, die Welt nur
von seinen Gedanken, nicht von seinem Leben und
Thun zu unterrichten, deshalb sagte er, sein letztes
Werk, die Parerga hinausgebend: „Der Rest ist Schweigen!" Hätte es ihm ein freundliches Geschick ver-
gönnt, noch die letzte Hand an die neue Auflage dieses
Werkes zu legen, so würde er vielleicht, im Vertrauen
auf den am späten Abend seines Lebens erlangten
Credit, noch mit einigen seine Person betreffenden Zu-
gaben nach Art der im zweiten Bande mitgetheilten
Verse herausgerückt sein; dagegen mit Confessionen
à la Rousseau vor die Nachwelt zu treten, lag ihm
alle Zeit um so ferner, je klarer er sich bewusst war,
dass sein Charakter und seine Lebensführung mannich-
fache Blössen boten. Darum rühmte er sich zwar
jederzeit eines „reinen intellectuellen Gewissens" und

gewiss mit dem vollsten Rechte, nicht aber auch irgendeiner moralischen oder auch nur praktischen
Mustergültigkeit oder Vorzüglichkeit. Ja, er ging in
seiner Offenheit so weit, mir einst zu erzählen, einer
seiner ältern Tischgenossen in Mannheim (1831) habe
sich gewünscht, seinen Kopf zu besitzen, aber ohne
seinen Charakter, und hinzuzufügen: ihm selbst gefalle
wohl seine intellectuelle Physiognomie, nicht aber seine
moralische. Letzteres erwähnt auch Frauenstädt.

Ueberzeugt von der Unveräusserlichkeit dieses Charakters liess Schopenhauer dessen schwere Folgen über
sich ergehen, trug er dessen drückende Last sein ganzes Leben hindurch geduldig; es tröstete ihn die Erkenntniss von dem solidarischen Verbande eben dieses
Charakters mit seinem Geiste, nach dem schönen Wort
George Sand's, dass jeder die Fehler seiner Tugenden
hat. Aber Zeitgenossen oder Nachkommen eine Selbst-
schau zum Besten zu geben, dies widersprach ebenso
sehr seinem Misstrauen und seiner Aengstlichkeit, wie
seiner Offenheit und seiner Wahrheitsliebe. Trieben
ihn die letzteren leicht zu Bekenntnissen, die dem ge-
wöhnlichen Menschen niemals über die Lippen gehen,
so mussten die ersteren ihm die schädliche Wirkung
derselben ins Unendliche vergrössern. Daher sprach
er sich tadelnd über die eitle Thorheit grosser Männer
aus, ihren Charakter einer Welt voll Gemeinheit, die
diesem nie gerecht zu werden verstehe, preiszugeben;

von ihrer Grösse sollte sie profitiren, nicht von ihren Schwächen.

Was hätte er auch der Welt von seinem Leben sagen sollen? Der Eindruck, den ihm dieselbe im Ganzen wie im Einzelnen zurückgelassen, liegt klar und ausführlich in seinen Schriften vor; dagegen wie er handelnd in dieselbe eingegriffen, wie sein äusserer Lebenslauf durch eigenes und fremdes Thun bestimmt worden, dies für die Neugierde der Anekdotenjäger zurechtzulegen, konnte er um so weniger als seine Aufgabe betrachten, als dieser äussere Lebensweg, trotz vielfacher Abwechselung in der ersten Hälfte, im Ganzen arm und öde verlief. So brachte es der Beruf des Philosophen, zumal dieses Philosophen mit sich, und so oft auch sein aufwallendes, überströmendes Temperament die drückende Monotonie des Denkens durchbrach und ihn zum Handeln trieb, nie fielen die Handlungen so aus, dass er stolz darauf hätte sein können, dass sie, wie seine Gedanken, Bedeutung gehabt hätten für die Welt; im Gegentheil, er schämte sich eher und bereute es oft, gehandelt zu haben!

Daher bin ich nur Regeln der Pietät und des Anstandes gefolgt, wenn ich es der Delicatesse des *Doctor indefatigabilis* und der *pudicitia* des Erzevangelisten überliess, zwei allzu intime Verhältnisse aus diesem äusseren Lebenslaufe Schopenhauer's als „wichtige Ergänzungen" meiner Lebensskizze nachzubringen, nämlich aus der Jugendzeit seinen Umgang mit einer Kammerzofe in Dresden, infolge dessen er einen Sohn hatte (Lindner, Ein Wort der Vertheidigung, S. 64) und aus dem Greisenalter seinen Verkehr mit Literaten, welche ihn ausposaunten und für ihn Propaganda machten. In diesen beiden von mir verschwiegenen Verhältnissen zeigt sich das eine mal der junge, das andere mal der alte Schopenhauer allerdings schwach und klein, wie andere Menschen, welche aber der gewaltigen Kraft und imponirenden Grösse seines Geistes und folgeweise auch seines Ruhms ermangeln. Dieses wohlerworbenen Ruhms freilich wird er trotz dieser misslichen Ergänzungen seines Lebens und Charakterbildes nicht verlustig gehen, weil nur, höchstens in Deutschland zu findende Ungezogenheit und Imbecillität sich vermessen können, geistige Grösse irgendeiner Art deshalb in den Schmutz zu ziehen, weil ihr Träger ein Mensch gewesen ist. Nie wird es einem Franzosen einfallen, die Ehre seiner Nation dadurch zu schänden, dass er z. B. einen Rousseau oder auch nur einen Lamartine wegen der Schwächen und Fehler ihres Charakters in einem Tone bespräche, der die Achtung vor dem Verdienst mit Füssen tritt; sollt' er es aber wagen, so würde die öffentliche Meinung ganz gewiss nur den Pasquillanten in ihm sehen und auch das Wahre, was er gegen solche um die Ehre der Nation verdiente Persönlichkeiten vorbrächte, nicht beachten. Dem entsprechend ehren fremde Nationen auch unsere deutschen Grössen, während diese in ihrem Vaterlande nicht selten der schnödesten Verunglimpfung ausgesetzt sind, worüber sich Schopenhauer, sein eigenes Schicksal nach dem Tode ahnend, in den Parergen (Bd. 2, S. 91 der zweiten Auflage) scharf genug ausgelassen hat.

Dass er diesem Geschicke besonders hart anheimfallen musste, war nach der schroffen Stellung, die er den Vaterlands- und Zeitgenossen gegenüber eingenommen, vorherzusehen. Die „Ergänzungen" seiner beiden Evangelisten aber haben weiter dafür gesorgt, dass seinem Charakter bei der jetzt lebenden Generation nicht leicht noch Gerechtigkeit werden kann. Was geichwohl noch gut zu machen ist, soll dieser nothgedrungene Nachtrag zu meiner Schrift versuchen, indem er den Publicationen der Evangelisten ihre Stelle anweist. Hiermit aber halte ich meine Aufgabe in Sachen Schopenhauer's auch für erledigt, die Würdigung des Menschen wie des Denkers getrost der Nachwelt überlassend.

Das Unterfangen also, den Evangelisten vorgreifend, ein Charakterbild Schopenhauer's zu entwerfen — ein Unterfangen, von dem mich nicht einmal die mir nach Schopenhauer's Tode von dem Erzevangelisten brieflich angedrohte Concurrenz abgeschreckt hatte —, vollends der Ton und die Wirkung meiner Schrift, welche die Herren selbst documentiren mussten (S. 3, 66, 210), gereichten denselben so sehr zum Verdrusse, dass sie in dem Eifer der mir zugedachten Lection ganz übersahen, wie ihre Streiche nur auf sie selbst fallen. Herr Dr. Frauenstädt ficht mehr versteckt, unter dem Schilde seines Gesellschafters, und nennt im Eingange meine Schrift einen „sehr schätzenswerthen und verdienstlichen Beitrag zur nähern Kunde des Lebens Schopenhauer's"; allein wie dieses Lob zu verstehen, verräth, abgesehen von allem, was er hinterher zu Markte bringt, die vollständige Adoption (S. v) der Schmähartikel seines Verbündeten, der ja auch, zum Eingange, von einem „gewiss Aufmerksamkeit erregenden, belehrenden, des Beachtenswerthen gar manches enthaltenden Werke" redet, und dem er mit dem erforderten Material dienstwillig an Handen gegangen ist. So unerfreulich nun der Anblick dieses meines Streites mit den beiden „Evangelisten" den wahren Freunden Schopenhauer's sein mag, da sie geneigt sein werden, denselben als *lis domestica* zu betrachten, was er im Grunde nicht ist, — ich muss, um meiner und Schopenhauer's Ehre willen, näher darauf eingehen, und weise, da ich ihn nicht begonnen habe, jede Verantwortung über die von meinen Gegnern beliebte Form desselben zurück. Das *suaviter in modo*, welches Schopenhauer zwar selbst nie geübt, aber seinem schwächeren Erzevangelisten aus Klugheitsrücksichten anempfohlen hat, passt einem solchen Angriffe gegenüber nicht.

Schon die äussere Eintheilung meiner Schrift bietet Herrn Dr. Lindner willkommenen Anlass seinem Aerger Luft zu machen. Er findet, dass ich „die Persönlichkeit Schopenhauer's in ein zehnfaches Wie? Wer? Was? zerstückt" habe, und dass diese Abschnitte auf ihn „fast den Eindruck künstlich zurechtgelegter Präparate der einzelnen Glieder eines Leichnams" machten. Nun vermag zwar der kunstliebende Leser im Angesicht des organisch gegliederten Prachtbaues der VII Artikel dieser „Vertheidigung" den Schaden selbst zu ermessen, den er unter meiner Darstellung Schopenhauer's leidet; ich muss jedoch noch besonders darauf hinweisen, wie der Unermüdliche, obwohl er selbst meine Schrift als „einzelnen Baustein" zu einer künftigen Lebensbeschreibung Schopenhauer's gnädigst „willkommen" heisst, und obwohl Titel und Eingang dieser Schrift mit dem Finger darauf zeigen, dass ich ein vollständiges, abgerundetes Lebensbild keineswegs zu geben beabsichtigt, gleichwohl an dieses blosse Gedenkbuch (wie er es selbst nennt) den Maasstab einer erschöpfenden Biographie legen will! Bei einer solchen freilich würde die Eintheilung anders haben ausfallen müssen; zu meinem Zwecke dagegen, der ausgesprochenermaassen nur auf die Grundzüge des Charakters Schopenhauer's gerichtet war, erschien die successive Beleuchtung desselben von verschiedenen Seiten, auch wenn dabei der Faden öfter abgebrochen werden musste, zweckmässig. In ähnlicher Form berichtet, um von Besseren zu schweigen, sehr anschaulich Jachmann über Kant. Sollte übrigens, wie der Unermüdliche unterstellt, meine Schrift in Wahrheit nur als einzelner Baustein und nicht vielmehr als Grundstein in Verwendung genommen werden, so hoffe ich, dass sich geschicktere, weniger von gekränkter Eitelkeit und Buchmacherei besessne Hände als die der beiden Evangelisten finden, ihm vor der Einfügung in den Bau die entsprechende Form zu geben.

Aber die „Vertheidigung" wird immer „bedenklicher" und „auffallender". Meine Schrift zerfalle „ziemlich deutlich in zwei, dem Inhalte wie der Form nach verschiedenartige Theile". Verschiedenartig erscheint ihm zunächst die Darstellung selber: „neben einer Reihe von Sätzen, welche das Gepräge Schopenhauer'schen Stiles tragen, findet sich eine mitunter ausserordentlich matte, unklare Ausdrucksweise." Er sagt also „ziemlich deutlich": Vieles in deiner Schrift ist gut, aber das hast du von Schopenhauer; mitunterläuft auch Heterogenes, Schlechtes, und das ist von dir. Was ich von Schopenhauer berichte, stehe „unvermittelt" neben dem, was ich über denselben sage. Natürlich, denn was ich von Schopenhauer mittheile, gebe ich ausgesprochenermaassen meist mit seinen eigenen Worten, sodass nothwendig „eine Reihe von Sätzen das Gepräge des Schopenhauer'schen Stiles trägt"; bei keinem einzigen Satze aber lasse ich den redlichen Leser im mindesten Zweifel darüber, wessen "Ausdrucksweise" er vor sich habe, Schopenhauer's oder meine. Ebenso wenig konnte mir einfallen, meine Urtheile über Schopenhauer zu verschopenhauerisiren; vielmehr habe ich, auf die Gefahr hin von dem ersten besten Tintenkleckser in *majorem magistri gloriam* herabgehudelt zu werden, meine Selbständigkeit bis zu einem Grade gewahrt, der Herrn Dr. Lindner zu Dank verpflichten sollte: denn es wäre mir ein Leichtes gewesen, ihm diesen erwünschten Anlass, mich bei den Anhängern des Meisters in Misscredit zu bringen, zu entziehen, indem ich mich ganz unter die Flügel desselben gesteckt und, nach seinem Beispiel, als getreuer Assecla, mit allen Schrullen desselben angethan, auf die Parade gezogen wäre. Ja, erwidert der Unermüdliche, wenn es dir nicht an dem Nöthigsten dazu gefehlt hätte! Den guten Willen, "die *bona fides* bezeugt jede Zeile des Gwinner'schen Buches". Also Unfähigkeit! und dabei die Anmaassung, den "echten Schopenhauer" *) (verstehe den Schopenhauer ohne Lindner und Frauenstädt) ganz allein geben zu können! In der That "um

---

*) Ich habe vom "echten" Schopenhauer nirgends gesprochen. Wie die Gedanken, so verdrehen sie einem auch beständig die Worte. Schopenhauer empörte dieser leichtfertige Gebrauch der Anführungszeichen oder Gänsefüsschen seit Beneke's Recension über sein Werk besonders.

so unverantwortlicher", als ich, wenn man dem Unermüdlichen glaubt, nicht nur mit fremdem Kalbe ge-
pflügt, sondern auch „eine Reihe von äussern Lebensmomenten absichtlich oder aus Unkenntniss übergangen"
habe. „Auffallender ist der Umstand, dass Gwinner
gerade über die Jugendzeit Schopenhauer's ziemlich
ausführlich zu berichten vermag, aus der spätern Zeit
aber, in welcher er Schopenhauer als seinen „Freund"*)
bezeichnet, kaum viel mehr zu erzählen weiss, als das
Allerbekannteste, was längst vielfach öffentlich erzählt
worden ist, und was so ziemlich jeder, der auch nur
einmal einen Besuch an der Mainbrücke machte, ohne
viele Mühe erfahren konnte."

Nun verspricht zwar der Titel meiner Schrift nur
einen „Blick auf sein Leben", und Seite 3 steht zu
lesen, dass „diese kurze Lebensskizze nur das nach-
folgende Charakterbild einleiten" solle; das kommt aber
nach Lindner's Entdeckung einzig und allein daher,
dass mich für das spätere Leben die „Lebenserinnerungen" Schopenhauer's im Stiche gelassen. Wäre es
ihm nicht lediglich darum zu thun gewesen, meine Arbeit zur Strafe dafür, dass ich über sein wichtiges

---

*) Freund mit Anführungszeichen! Ich gerire mich nur
so. Doch ich muss mich mit Gott trösten, welcher gleich-
falls vor dem Unermüdlichen nur mit Gänsefüsschen zuge-
lassen wird (S. 9).

Verhältniss ,zu Schopenhauer geschwiegen und durch die Offenheit und Treue meiner Schilderung zu einigen ephemeren Schmähartikeln wider Schopenhauer die ebenso gleichgültige als unvermeidliche Veranlassung gegeben, um jeden Preis herabzuwürdigen, so hätte er die Frivolität dieser Beschuldigung scheuen müssen. Völlig der Wahrheit zuwider ist zunächst die Behauptung, dass ich aus dem späteren Leben „kaum viel mehr" zu erzählen wisse, als das Allerbekannteste. Man sehe nur zu, was und wieviel der *Doctor indefatigabilis* sammt dem Erzevangelisten auf 762 Seiten zu meinen bündigen Angaben hinzuzufügen vermochten! Im übrigen aber ist nicht zu verkennen: Das Leben Schopenhauer's zerfällt in zwei, dem biographischen Werthe nach völlig verschiedene Theile. Der erste Theil ist für die gesammte Entwickelung des Charakters wichtig, der andere ist dies nicht.

Seine Geburt, seine Erziehung, seine innern Kämpfe, seine Reisen, sein Verhältniss zu den nächsten Angehörigen *), zu Jugendgenossen und Lehrern, zu Goethe, Fernow, Majer u. A., sein Eintritt in die Welt, seine Stellung zu derselben, seine Lebensführung und seine

---

*) Bei dieser Gelegenheit sei bemerkt, dass, unter andern sinnstörenden Druckfehlern, auf Seite 5, Zeile 16 meiner Schrift in Bezug auf Schopenhauer's Vater, statt über der mittlern Grösse, unter der mittlern Grösse steht. Heinrich Floris Schopenhauer war ein Mann von imposanter Statur.

Studien, dies alles als maassgebend für die Gestaltung der ganzen Persönlichkeit, ist von Werth und allgemeinem Interesse. Und dies fügte ich, in gedrängter Darstellung, auf wenigen Seiten zusammen, aus den Memoiren seiner Mutter, aus dem Munde Schopenhauer's selbst, aus Zeugnissen noch lebender Bekannten der Familie, aus den Briefen an Schopenhauer, die mir alle vorlagen und die ich selbstredend für die Darstellung des späteren Lebens ebenso gut benutzen konnte, wie für die der Jugendzeit. Dagegen der zweite Theil: sein Bekanntwerden mit dem *Doctor indefatigabilis* und anderen für seine Philosophie Propaganda machenden Literaten, die Concepte. der Briefe an den Verleger seines Werks mit allen Varianten, sein Urtheil über den Roman „Sturm und Compass" von Frau Dr. Lindner und die „Geschichte der ersten stehenden deutschen Oper" von Ernst Otto Lindner, seine „bezaubernde Liebenswürdigkeit" gegen Herrn Dr. Lindner und Gemahlin, die obligaten Danksagungen für die Artikelchen der „Berliner Feuerspritze" und der Tante Voss, die Correcturen englischer und italienischer Uebersetzungsproben des *Doctor indefatigabilis* und ähnliche Memorabilien aus Schopenhauer's Papierkorbe, *item* erste Begegnung, Unterhaltung und Correspondenz mit dem Erzevangelisten Frauenstädt, wie er ihn neben sich auf das Sopha setzen liess (S. 136), wie er sein barsches Naturell gegen ihn herauskehrte (S. 158), ingleichen gute Dienste, Belohnung, Zurechtweisung und endliche Verabschiedung desselben (S. 712) — diese ganze „Reihe von äusseren Lebensmomenten" habe ich, nicht „aus Unkenntniss", denn es war mir dies und mehr dieser Art während eines siebenjährigen Umgangs mit Schopenhauer übergenug bekannt geworden, sondern mit Absicht übergangen, weil ich dafür hielt, dass sie nicht allein für die Darstellung der Hauptsache keinen Werth haben, sondern deren Wirkung sogar entschieden beeinträchtigen und Schopenhauer in falsches Licht stellen könnte.

Wie wohlbegründet diese meine Besorgniss gewesen, liegt nach der „Vertheidigung" der beiden Evangelisten für Freund und Feind offen zu Tage. Noch ist mir kein Urtheil darüber zu Gesicht gekommen, das es im Zweifel liesse. Eine Recension in der Süddeutschen Zeitung (1863, Nr. 169) beginnt mit den Worten: „In der von Frauenstädt unterzeichneten Vorrede zu dem merkwürdigen Buch, von dem wir hier reden, heisst es: «Schopenhauer hat zwar aufgehört, ungekannt zu sein, aber nicht, verkannt zu werden. Da ich es nun zuerst und zumeist gewesen bin, der seinem Ungekanntsein ein Ende gemacht hat, so halte ich es jetzt für meine Aufgabe, auch seinem Verkanntwerden ein Ende zu machen. Gwinner's Buch über ihn konnte dies nicht leisten, denn obwohl es ein sehr schätzenswerther und verdienstlicher Beitrag zur nähern

Kunde des Lebens Schopenhauer's ist, so ist es doch, was die richtigere und tiefere Würdigung seiner Person und Lehre betrifft, so mangelhaft, dass es, anstatt dem Verkennen Schopenhauer's entgegenzuwirken, vielmehr demselben noch in die Hände gearbeitet hat. Auf Gwinner's Buch konnten sich getrost alle jene Gegner Schopenhauer's berufen, die schon seit lange bemüht sind, ihn als einen Sonderling bei Seite zu schieben. » Wir müssen gestehen, diese Wirkung der Gwinner'schen Schrift scheint uns sehr mild zu sein im Vergleich mit der, welche das vorliegende Buch nothwendig hervorbringen muss. Denn es wird wohl dem Ungekanntsein Schopenhauer's in dem Grade ein Ende machen, dass die Nachsicht, mit welcher man bisher die Philosophie und den Charakter des Mannes um seiner grossen Begabung willen zu beurtheilen geneigt war, aufhören muss. Was diese Nachsicht schon beim Lesen der Werke Schopenhauer's sehr erschwerte, fand sich dort wenigstens durch Bände vertheilt; hier aber steht es auf einem Haufen zusammen. Die persönlichen Eigenschaften Schopenhauer's: seine Eitelkeit und sein nichts achtender, nichts schonender Ehrgeiz, seine Menschenverachtung und Lieblosigkeit, seine Gemeinheit und Rohheit, seine undeutsche Gesinnung, sein Hochmuth, endlich sein Fanatismus, dem es nicht um philosophische Forschung und Wahrheit, sondern um Propaganda für eine trostlose Lehre zu thun ist,

die sich auf den Trümmern occidentalischer Bildung,
Gesittung und Religiosität erheben soll: alle diese Eigenschaften treten hier auf das unverhohlenste hervor." —
In der Beilage zu Nr. 96 der Augsburger Allgemeinen
Zeitung heisst es: „Die beiden Herren (Lindner und
Frauenstädt) geben sich die Miene" — sehr richtig,
denn in Wahrheit sind die Motive nur verletzte Eitelkeit und Buchmacherei — „des Unwillens gegen Gwin-
ner's verdienstvolle Biographie Schopenhauer's, als er-
scheine der Meister in derselben nicht in günstigem
Lichte. Dies klingt wie Ironie, wenn man nun die
mitgetheilten Briefe des Alten zur Hand nimmt, die
durchweg von dem Geiste polternder, unduldsamer
Eigenliebe eingegeben sind und in ihrem fanatischen
Selbstlob eine wahrhaft hässliche Gemüthsstimmung ent-
hüllen." In einem längern Aufsatze im Frankfurter
Conversationsblatte, 1863, Nr. 84—88: „Die Apotheose
Schopenhauer's durch Lindner und Frauenstädt", sagt
Dr. Adolf Cornill u. a.: „Gwinner's Biographie soll in-
discrete Rückschlüsse auf den Charakter Schopenhauer's
hervorrufen, wie Lindner tadelt. Bei dieser Apologie
sind solche Rückschlüsse allerdings nicht mehr nöthig.
Welch ein Bild entrollt sich hier in den zur Glorification
Schopenhauer's mitgetheilten Briefen vor unsern Augen!
Ein Philosoph, der in den Werken der Zeitphilosophen
und Zeitschriften nur die auf ihn bezüglichen Stellen
liest und unruhig ist bei dem Gedanken, dass noch ein

Viertel mehr über ihn geschrieben sein könnte, als was
der unermüdliche Eifer seiner in der Metropole der
Intelligenz alles überwachenden Jünger zu verschaffen
weiss! Ein Philosoph, welcher einen Mann für geist-
reich erklärt, und findet, dass er sich gut auszudrücken
wisse, wenn er ihn lobt, ihm beistimmt oder seinem
glänzenden Stile eine leichte Verbeugung macht; und
dann denselben Mann verspottet und verschmäht, wenn
er eine andere Ansicht zu haben wagt! Ein Philosoph,
welcher den tief unter ihm im Staube dahinkriechenden
Denkern seiner Zeit, statt sie über die Irrthümer zu
belehren, gleich einem Thersites eine wahre Fluth so
gemeiner Schimpfworte entgegenschleudert, dass das
Zartgefühl seines Frauenstädt sie abzudrucken Anstand
nahm *); während er sich selbst in seiner schwindeln-
den Prophetenhöhe an den bald zart andeutend ent-
lockten, bald barsch ancommandirten Trompeten- und
Paukentuschen seiner Propagandisten ergötzt! Ein
Philosoph, welcher nur die Perfidie eines absichtlichen

----

*) Dr. Cornill spendet hier dem Erzevangelisten unver-
dientes Lob; denn derselbe druckt jedesmal die Anfangs-
buchstaben der Kraftausdrücke ab, unter Beifügung der
nöthigen Punkte, sodass jeder Schulknabe solche auf den ersten
Blick errathen kann. Der *Doctor indefatigabilis* freilich gibt
den vollen Nennwerth der „Hundsfötter", „Schufte" u. s. w.,
wie er denn überhaupt seinen Gesellschafter an Blödigkeits-
mangel weit übertrifft.

Secernirens und Secretirens darin erblickt, dass seine
trübselige Welt- und Menschenverachtung nicht aufzu-
kommen vermochte neben der sittlich prophetischen
Begeisterung Fichte's, neben dem religiös ästhetischen
Naturmysticismus Schelling's und neben dem zu einer
grossartigen historischen Weltanschauung sich erhebenden
Systeme Hegel's; welcher dagegen die Vorboten einer
neuen Aera der Philosophie in den Gratulationsbriefen
und Geburtstagssträussen derer sah, die ihren Huldi-
gungen gegen ihn keinen bessern Ausdruck zu geben
wussten! Ein Philosoph, welcher den Triumph seiner
Lehre von tanzenden Tischen, magnetischen Abenteuern,
Geistergeschichten und bedeutungsvollen Träumen er-
wartete; und das zu einer Zeit, wo die Welt philosophischer Ideen durch die mechanisch-chemischen Theo-
rien der modernen Naturwissenschaft in ihren tiefsten
Grundfesten erschüttert wurde! Einen Dove schiebt
er als „eitlen Gecken" einfach bei Seite, weil dieser
die Schopenhauer'sche, d. h. die Goethe'sche Farben-
lehre mit seinen physikalischen Gesetzen nicht in Ein-
klang zu bringen vermag. Einem Helmholtz gegenüber
bläht sich sein Selbstgefühl zu einem Montblanc auf
und blickt verächtlich auf diesen „Maulwurfshügel"
herab, der sich untersteht, nicht ihm, sondern Kant
seine Theorie der sinnlichen Wahrnehmung zuzuschrei-
ben, welche doch beide von Berkley entlehnt haben.
Humboldt „die alte Troddel" brummt er an, weil er

von Schopenhauer's Welt als Wille und Vorstellung nichts weiss. In einem solchen Lichte zeigt uns die Apotheose den Philosophen. Dies ist das Urbild, welches die Apologeten dem Biographen entgegenhalten. Mit welcher Sehnsucht werden die Verehrer Schopenhauer's nach dem durch Freundesauge verklärten Bilde des letztern zurückgreifen!"

Eine Kritik des Gesellschaftswerks in der Berliner Allgemeinen Zeitung vom 2. und 5. August 1863 schliesst mit den Worten: „Wir müssen hier den Briefwechsel mit Frauenstädt *) erwähnen, welcher dem vorliegenden Buch beigegeben ist. Nicht leicht hätte etwas geschehen können, was dem Ruhm Schopenhauer's schädlicher gewesen wäre, als die Veröffentlichung dieser Correspondenz. Von der moralischen Seite reden wir nicht. Und zwar rechnen wir zu ihr auch das maasslose, böswillige Reden über alle Zeitgenossen, und zwar ausnahmslos, welche auf dem gleichen wissenschaftlichen Gebiet mit ihm arbeiten. An Gehässigkeit übertrifft die Publication in dieser Beziehung alles, was literarische Indiscretion in den letzten Jahren gesündigt hat. Aber diese Seite der Correspondenz, wie nachtheilig sie auch Schopenhauer in Bezug auf die Beurtheilung seiner Person sein wird, soll uns auch hier nicht be-

---

*) Auf die Correspondenz mit dem Unermüdlichen passt alles Folgende ebenso gut.

schäftigen, obwohl sie uns von dem Herausgeber gewissermaassen aufgedrungen wird. Hier konnte man
ohnehin nach den Proben in seinen Werken schon
Aehnliches erwarten. Dagegen hat, soweit hin wir Urtheile gehört haben, die Nichtigkeit dieser Correspondenz
die grösste Verwunderung erregt. Literarischer Klatsch,
Aufstöbern, Ueberschicken und Lectüre von Schopenhauer erwähnenden Stellen, das Verfolgen aller Zu-
stimmenden und Einspruch Erhebenden bildet den wesentlichen Inhalt dieser Briefe. Hierbei kommen dann
wunderliche Dinge vor. Schopenhauer beklagt sich bei
seinen Aposteln, dass gewiss noch immer sein Name
in Zeitschriften und Büchern vorkomme, ohne von
ihnen überall aufgespürt worden zu sein. Er beantwortet
ihre Einwendungen in einer Weise, welche selbst den
die Briefe Durchlesenden empört. Sonderbare Schüler
treten auf. So wird an einer Reihe von Stellen als
ein Hauptverehrer der Pfarrer G... genannt: wir können dem Herausgeber, falls derselbe davon nicht unterrichtet sein sollte, mittheilen, dass derselbe zu jener
Zeit bereits an partialem Wahnsinn litt, wie er denn
auch später dem Irrenhause übergeben werden musste.
Wer dagegen von einem Philosophen erwarten würde,
dass, worüber er auch rede, ein den Sachen und der
wissenschaftlichen Wahrheit allein zugewandtes Auge
hervortrete, dass man sich mit ihm überall, wie auf
einer Höhe befinde, welche die grösseren Linien in den

Begebenheiten der Zeit klar hervortreten lasse, und wer nach der Erhabenheit von Schopenhauer's Jugendwerke gerade von ihm diesen weiten, die Dinge zusammenschauenden Blick erwarten würde, der mag sich nur erst, bevor er diese Briefe liest, recht deutlich machen, wie viel Ursachen ein Philosoph haben kann, Correspondenzen zu führen und auch solche, die gar nicht mit seinem innersten Leben zusammenhängen, damit er nicht härtere Rückschlüsse als billig von dem Ton dieser Briefe auf die weltüberschauende Erhabenheit von Schopenhauer's Jugendwerk mache."

Das also wäre der saubere Gewinn der „Vertheidigung" des *Doctor indefatigabilis* und der „Ergänzungen" des Erzevangelisten, welcher mir vorhält, ich hätte „nur die Warzen und Finnen" meines Originals getreu wiedergegeben, und es ihm überlassen, „den eigentlichen Geist und die charakteristische Schönheit desselben" zur Anschauung zu bringen (Vorrede, S. iv)! Es darf hierbei nicht ausser Acht gelassen werden, dass es sich grösstentheils um die Veröffentlichung von Briefen und Nachlassstücken handelt, welche nach der Absicht des Verstorbenen niemals gedruckt werden sollten. Herr Dr. Frauenstädt erklärt zwar vorsorglich: „Ein Verbot Schopenhauer's, seine an mich gerichteten Briefe zu veröffentlichen, existirt nicht. Weder in seinem Testament, noch brieflich, noch mündlich hat er mir

untersagt, nach seinem Tode seine Briefe zu veröffentlichen. Nur bei seinen Lebzeiten wollte er dieselben
nicht veröffentlicht sehen. Ein angeblich an Andere
gerichtetes Verbot der Veröffentlichung seiner Briefe
kann ich nicht auf mich beziehen, da mir Schopenhauer zu nahe gestanden und zu gut gewusst hat, dass
ich die meisten und bedeutendsten (!) Briefe von ihm
habe, als dass er ein Verbot ihrer Veröffentlichung an
einen Andern, als an mich selbst adressirt haben sollte.
Ich kann daher etwaige Proteste gegen die hier vorliegende Veröffentlichung, die sich auf Schopenhauer
berufen, nicht anerkennen." Allein hofft Herr Frauenstädt in der That mit diesen Phrasen den schreienden
Missbrauch, den er und sein Gesellschafter mit dem
Vertrauen des Heimgegangenen treiben, beschönigen zu
können?

Dr. Lindner erwähnt eines „sehr bedeutenden"
Briefwechsels, den Schopenhauer mit Becker geführt
habe, und giebt sich dabei die Miene sittlicher Ent-
rüstung, dass meine Lebensskizze nichts von diesem
Briefwechsel berichte. Ich habe die Briefe Becker's
vor Augen gehabt und Schopenhauer's Antworten zum
Theil aus dessen eigenem Munde kennen gelernt, kann
also bestätigen, dass diese, in das Greisenalter Schopenhauer's fallende Correspondenz, obwohl sie naturge-
mäss weder auf die Charakterbildung, noch auf die
Lehrbildung Schopenhauer's einen solchen Einfluss üben

konnte, dessen in einer blossen Skizze seines Lebens besondere Erwähnung zu thun gewesen wäre, doch in einigen Briefen interessante Erörterungen über Schopenhauer's Lehre bietet, sodass Schopenhauer selbst auf diese Briefe Becker's und seine Antworten insofern höheren Werth legte, als er mit seinen übrigen Bekannten davon sprach, denselben daraus Mittheilungen machte, und sie das Beste nannte, was über seine Philosophie von andern und ihm selbst in Briefen niedergelegt sei. Wie sehr ihm gleichwohl der Gedanke an deren Veröffentlichung widerstrebte, beweist die Antwort, die er einem seiner Verehrer, Herrn Dr. Bahnsen in Lauenburg, welcher den Wunsch einer Abschrift dieser Briefe geäussert, gegeben hat. Sie lautet wörtlich: „Jedoch bitte ich Sie, den Wunsch nach einer Abschrift der bewussten Correspondenz aufzugeben, da ich eine Vervielfältigung derselben nicht gern sehen würde, weil Abschrift neue Abschrift erzeugt, und endlich eine dergleichen doch an den Mann kommen würde, der sie einem Verleger zum Drucke verkaufte, was ich nicht will, da es ohne Vorbedacht und Sorgfalt hingeworfene Briefe sind. Sie verlieren wahrlich nicht viel daran: denn dieselben enthalten durchaus keine neuen Gedanken, als welche ich nicht an Privatcorrespondenzen verschwende." Ganz in demselben Sinne hat sich Schopenhauer mir gegenüber in Bezug auf alle seine Briefe ausgesprochen.

Nun will ich zwar hieraus nicht folgern, dass eine nach dem Heimgange Schopenhauer's aus dessen gesammter Correspondenz getroffene vorsichtige, sparsame Auswahl, zu welcher neben Anderen auch die Herren Frauenstädt und Lindner ihr Contingent stellen durften, eine tadelnswerthe Publication gewesen wäre; es wird aber doch dadurch über allen Zweifel erhoben, wie Schopenhauer über die Veröffentlichung der Briefconcepte an seinen Verleger (vollends mit wieder ausgestrichenen, nicht einmal an den Adressaten gelangten Einfällen), sowie der meisten von den beiden Evangelisten ans Licht gezogenen vertraulichen Expectorationen gedacht haben würde. Dass er beim Niederschreiben dieser achtlosen, nur das flüchtige Gespräch vertretenden Privatissima, wenn ihm der Gedanke an die Unermüdlichkeit seiner Propagandisten gekommen wäre, mit Unwillen zurückgefahren wäre und neun Zehntel davon ins Feuer geworfen, das übrige Zehntel aber anders gefasst hätte, bedarf keiner Ausführung. Der Erzevangelist war daher gleich nach Schopenhauer's Tode dringend zur Vorsicht ermahnt worden, und ich durfte eine gewisse Zurückhaltung in dieser Richtung gerade von seiner Seite um so mehr erwarten, als mir, aus dem Munde seines Meisters selbst, nicht unbekannt geblieben, welcher Art sein Verhältniss zu diesem im Grunde gewesen und wie es sein eigenes Interesse gebot, die verborgenen Falten desselben der Welt nicht aufzudecken. Hierüber mich deutlicher auszusprechen, ist mir durch die Veröffentlichung sämmtlicher Briefe Schopenhauer's an Herrn Dr. Frauenstädt erspart: denn die Welt ist durch dieselben vollkommen in Stand gesetzt, zu beurtheilen, ob es billig und recht von mir gewesen, von diesem Verhältnisse in meiner Lebensskizze nicht mehr zu sagen, als dass Hr. Dr. Frauenstädt das Verdienst habe, dem deutschen Publikum zuerst die Augen über Schopenhauer geöffnet zu haben (S. 103 m. Schrift).

In dieser Hinsicht ist seine Publication in der That nicht etwa nur „auffallend" und „bedenklich", sondern psychologisch räthselhaft. Nur ein blinder „Wille zum Leben" (von der Buchmacherei) kann es erklären, wie sich Herr Dr. Frauenstädt in der Selbsttäuschung so weit versteigen konnte, zu wähnen: „Aus meinen vorliegenden Memorabilien und den auf diese folgenden Briefen wird man aber ersehen, dass mein Verhältniss zu Schopenhauer denn doch ein Mehreres zu bedeuten hatte, dass es nämlich eines jener echten und fruchtbringenden Freundschaftsverhältnisse war, wie sie jetzt nur noch selten existiren." Selten, wahrhaftig, wird dieses Verhältniss immer bleiben! „Niemand", sagt Dr. Cornill a. a. O., „kann ihm (dem Erzevangelisten) seine Bewunderung versagen, der ihn seinen von des Meisters Geisselhieben blutenden eigenen Rücken vor den Augen der Welt ausstellen sieht." Bereits in der ersten

Zeit ihres persönlichen Bekanntwerdens kehrt Schopenhauer (dessen „bezaubernde Liebenswürdigkeit gegen
ihm in irgendeiner Beziehung näher stehende Naturen“
in meiner Charakterschilderung übergangen zu sehen
den *Doctor indefatigabilis* so sehr entrüstet) sein
„barsches Naturell“ gegen ihn heraus und schreckt ihn
„durch die etwas heftige Art“, wie er ihm „zu verstehen
giebt, dass man nicht nach Belieben bei ihm Audienz
habe“, so ab, dass er „vorerst seine Schwelle nicht
wieder betritt, sondern abwartet, ob er ihm selbst
Audienz geben würde“ (Memorabilien, S. 158). Das
stört indessen den gedeihlichen Fortgang des Verkehrs
nicht, vielmehr versichert der Erzevangelist gleich hinterher, er sei infolge desselben mit Schopenhauer „so
intim befreundet geworden und diese Freundschaft habe
sich später in Schopenhauer’s Briefen und Vermächtniss“ *) so fortgesetzt, dass er wohl ohne Uebertreibung
annehmen dürfe, keiner habe ihn so nahe kennen

------

*) Dieses Vermächtniss stammt aus dem Jahre 1852. Zu
Anfang des Jahres 1859 besprach Schopenhauer dasselbe
mit mir in einer Weise, dass es nur eines Wortes von mir
bedurft hätte, dessen Abänderung zu bewirken. Aber ich
bestärkte ihn vielmehr darin, weil das Verdienst Frauenstädt’s um Schopenhauer von diesem dankbar anzuerkennen war, und weil ich mich, da ich der Lehre Schopenhauer’s nicht anhänge, zur Uebernahme des wissenschaftlichen Nachlasses nicht für berufen hielt.

gelernt, keiner so tiefe Blicke in das Wesen seines Geistes und Charakters gethan als er.

Dieser Versicherung Credit zu verschaffen, sind die mitgetheilten Briefe Schopenhauer's vorzüglich geeignet. Bereits 1852 schreibt ihm derselbe: „Ich muss, mein werther Freund, mir alle Ihre vielen und grossen Verdienste um die Verkündigung meiner Philosophie vergegenwärtigen, um nur nicht ausser aller Geduld und Fassung zu gerathen bei Ihrem letzten Briefe. Das Aergste ist, dass ich sehen muss, wie die schöne Zeit und Mühe, die ich an Beantwortung Ihrer zwei vorhergegangenen Briefe gewendet hatte, ganz verloren ist; indem von allem, was ich gesagt, was ich citirt habe, gar keine Notiz genommen wird, um nur ungestört fortfahren zu können in jener wahren Begeisterung von Absurdität" (S. 553). „Wollen Sie Ihre Skepsis vor's Publikum bringen, um zu zeigen, dass Sie meine Philosophie gepriesen haben, ohne sie zu verstehen; so kann ich Ihnen dieses so wenig verwehren als anrathen. Nur mir kommen Sie nicht mehr damit: ich bin es müde, mich über Missverständnisse und Missdeutungen zu ärgern und den Augiasstall auszumisten, kann meine edle Zeit besser anwenden, sende daher Ihre Commentarien ungelesen zurück und bitte ernstlich, mich mit allen ferneren Scrupeln und Bedenken ganz zu verschonen" (S. 556). Ferner 1855: „Ueberhaupt sollten Sie nie vergessen, dass Ihr Hauptverdienst um Philosophie und Literatur, welches bleiben, vielleicht selbst Ihren Namen perpetuiren wird (!), dies ist, dass Sie zuerst, mit grossem Nachdruck und seltner Beharrlichkeit, meiner Philosophie Eingang verschafft haben, — was Dorguth vor Ihnen vergeblich versucht hat. Sie haben dadurch nicht bloss um mich, sondern um diese Generation sich verdient gemacht. Das sollten sie festhalten und nie aus dem Charakter fallen, dem eines treuen Evangelisten."

Um diesen Ton des Meisters gegen den „hochwürdigen Erzevangelisten" trotz der „bezaubernden Liebenswürdigkeit" Schopenhauer's, die nach Lindner's Zeugniss „jeder verwandten Stimme, auch wenn dieselbe gar schwach sein sollte, gern antwortete" (S. 95), besser zu verstehen, lese man noch, was Herr Frauenstädt, der erhaltenen Lectionen ungeachtet, auf S. 430 vorzubringen naiv genug ist. Dort lautet es in Bezug auf die nämliche Frage, welche in den angeführten Briefen ventilirt wurde: „Schopenhauer ist durch diese meine Opposition genöthigt worden, sich brieflich klar und deutlich dahin auszusprechen, dass bei ihm der Wille nicht absolut, d. i. im Sinne einer ewigen, unentstandenen und unvergänglichen Substanz das Ding an sich sei, sondern nur relativ, d. i. in Beziehung auf diese unsere Erscheinungswelt. Meiner erwählnten Opposition ist es auch zu verdanken, dass Schopenhauer

zur zweiten Auflage der Parerga in dem ersten Para-
graphen des Kap. 14 des zweiten Bandes: «Nachträge zur
Lehre von der Bejahung und Verneinung des Willens
zum Leben» den Zusatz gemacht hat: «Gegen gewisse
alberne Einwürfe bemerke ich, dass die Verneinung
des Willens zum Leben keineswegs die Vernichtung
einer Substanz besage, sondern den blossen Actus des
Nichtwollens» u. s. w. „Dass Schopenhauer“, fährt
Herr Frauenstädt fort, „die Einwürfe, durch die er zu
diesem Zusatze veranlasst worden, alberne nennt, dies
beweist nur, ebenso wie die betreffenden Briefe an
mich, dass solche gegen den Kern seiner Philosophie
gerichtete Einwürfe ihn borstig machten, aber nicht,
dass solche Einwürfe an sich albern sind. Denn mit
dem Ding an sich verbindet man (Hr. Dr. Frauenstädt)
den Begriff des unzerstörbaren, unentstandenen und
unvergänglichen Urwesens, der ewigen, den veränderlichen Erscheinnngen zu Grunde liegenden Substanz, und
Schopenhauer hat sich ja selbst gerühmt, dass die
Substanz der Pantheisten, ihr unbestimmt gelassenes
All-Eins, durch ihn als Wille bestimmt worden ist.
Hätte Schopenhauer von Anfang an in der Welt als
Wille und Vorstellung klar und deutlich gesagt, dass
bei ihm der Wille nur relativ das Ding an sich sei,
oder vielmehr dass er gar nicht das eigentliche Ding
an sich sei, sondern nur ein Actus desselben, der
durch den entgegengesetzten Actus des Nichtwollens

aufgehoben werden kann; so hätte er sich die «albernen Einwürfe», dass das Ding an sich als solches unaufhebbar sei, dass also der Wille entweder nicht Ding an sich oder nicht aufhebbar sei, erspart."

Hierzu, statt jeden Commentars, zum Beweise dafür, was Schopenhauer in der Welt als Wille und Vorstellung „klar und deutlich" gesagt hat, ehe er die Bekanntschaft des Reformators seines Systems machte, beispielsweise eine Stelle aus Bd. 2, S. 202: „Die Frage, was denn jener Wille, der sich in der Welt und als die Welt darstellt, zuletzt schlechthin an sich selbst sei, d. h. was er sei, ganz abgesehen davon, dass er sich als Wille darstellt oder überhaupt erscheint, d. h. erkannt wird, ist nie zu beantworten, weil, wie gesagt, das Erkanntwerden selbst schon dem Ansichsein widerspricht und jedes Erkannte schon als solches nur Erscheinung ist. Aber die Möglichkeit dieser Frage zeigt an, dass das Ding an sich, welches wir am unmittelbarsten im Willen erkennen, ganz ausserhalb aller möglichen Erscheinung, Bestimmungen, Eigenschaften, Daseinsweisen haben mag, welche für uns schlechthin unerkennbar und unfasslich sind, und welche eben dann als das Wesen des Dinges an sich übrig bleiben, wann sich dieses, wie im vierten Buche gezeigt wird, als Wille frei aufgehoben hat, daher ganz aus der Erscheinung herausgetreten und für unsere Erkenntniss, d. h. hinsichtlich der Welt der Erscheinungen ins leere Nichts übergegangen ist. Wäre der Wille das Ding an sich schlechthin und absolut; so wäre auch dieses Nichts ein Absolutes, statt dass es sich eben dort uns ausdrücklich nur als ein relatives ergiebt." Diese Stelle ist auch dem Erzevangelisten einmal bekannt gewesen; denn er citirt sie in seinen „Briefen über die Schopenhauer'sche Philosophie", S. 334, und fährt daselbst wörtlich fort: „Sie sehen also, dass Schopenhauer den Willen nur relativ, d. h. nur in Beziehung auf diese unsere, in Raum und Zeit sich ausbreitende und dem Causalnexus unterworfene Erscheinungswelt für das Ding an sich erklärt, dass mithin mit der Aufhebung dieses relativen Wesens der Welt nicht alles Sein überhaupt, sondern nur diese bestimmte Weise des Daseins, die der Ausdruck der Bejahung des Willens zum Leben ist, aufhört, dass mithin die Verneinung des Willens als des Wesens dieser Welt keinen Widerspruch involvirt, so wenig, als es z. B. einen Widerspruch involvirt, den kindlichen Willen als das Wesen des Kindes anzusehen und doch dieses kindliche Wesen nur für ein vorübergehendes zu halten, das mit dem Eintritt ins reifere Alter aufhört." Unter so bewandten Umständen wird auch dem Blöden die grobe Frakturschrift der Briefe „klar und deutlich"!

Im Jahr 1856 war das seltene Verhältniss so weit gediehen, dass der Meister den Schüler bedrohen musste:

„Geh' er nur grad, ins Teufels Namen, sonst blas' ich ihm sein Flackerleben aus! Ich will, dass Sie mir Ehre machen und nicht das Gegentheil: möge es nie dahin kommen, dass ich sagen müsste, was Voltaire dem Spinoza in den Mund legt: *j'ai de plats écoliers et de mauvais critiques.*" Da indessen der Erzevangelist nicht einsehen will, dass seine Mission erfüllt ist, und die *Opera et Opuscula*, mit welchen er alljährlich auf eigene Rechnung zu Markte fährt, für den Meister kein hinreichendes Incitament zur Fortsetzung der Correspondenz bilden können, bricht Schopenhauer dieselbe endlich ab. Drei Jahre später, als die dritte Auflage der „Welt als Wille und Vorstellung" erschienen, dankt der Erzevangelist für das durch den Verleger von Schopenhauer erhaltene Freiexemplar und berichtet über seine „fortgesetzte Thätigkeit für seine Philosophie". Darauf hat ihm Schopenhauer noch einmal geschrieben und die letzten Worte, die er an ihn richtet (6. Dec. 1859): „Wenn Ihnen etwas (sc. von mir) vorkommt, davon Sie glauben, es könne mir unbekannt bleiben, werden Sie durch einen Wink darüber sehr verbinden Ihren Freund Schopenhauer" — resümiren den wesentlichen Inhalt des ganzen Briefwechsels.

Nicht minder tief und in den gleichen Boden gehen die Wurzeln des Seelenaustausches des *Doctor indefatigabilis* mit Schopenhauer, wie der Liebhaber solcher seltenen Verhältnisse aus den mitgetheilten Briefen des

Meisters des Näheren zu ersehen im Stande ist. Es beweist daher den intuitiven Scharfblick des Unermüdlichen, wenn er die Befürchtung laut werden lässt, uneinsichtige, befangene Leser würden daraus Anlass nehmen, ihn als „einen eingebildeten Narren" darzustellen, „der sich unter der Maske der Freundschaft von Schopenhauer habe gebrauchen lassen, um Reclame für ihn zu treiben" (S. 124).

Aber diese Briefe Schopenhauer's an die beiden Evangelisten bieten mehr als die blosse Klarstellung seines Verhältnisses zu denselben; sie enthalten, neben vorbedachtlosen, für die Nachwelt nicht bestimmten Plaudereien über das Neueste (Magnetiseure, Tischrücken, Ahnungen u. s. w.), eine schreckenerregende Fluth rücksichtsloser Ausfälle gegen eine Reihe noch lebender, mit Namen genannter oder leicht zu errathender literarischer Persönlichkeiten, überall gehoben durch eine gleich imposante Macht von Ausbrüchen der Selbstverherrlichung. Dergleichen kommt bei energischem Temperament im vertraulichen Gespräche so oft und so leicht vor, dass selbst die edelsten Naturen davon nicht frei bleiben. Wer erschrickt nicht vor dem Gedanken, schwarz auf weiss zu lesen, was z. B. Goethe in dieser Richtung geleistet? Aber niemals ist es einem auf seinen guten Ruf bedachten Schriftsteller eingefallen, solche Ergüsse des Augenblicks, in dem sie allein Entschuldigung finden, als hässliche Denkmäler der Sinnesart eines hervorragenden Mannes der Literatur einzuverleiben. Solche Gespräche sind diese Briefe. Schopenhauer konnte sich, bei seiner isolirten Lebensweise, in einer Stadt, die er selbst zum öftern ein Abdera nannte, mit deren wissenschaftlichen Notabilitäten er fast gänzlich ausser Verkehr stand, oft nur durch Schreiben Luft machen. Leider vergass er dabei, dass *litera scripta manet*, und an wen er schrieb.

Wenn es sonach Herrn Dr. Lindner „in der That etwas verwunderlich" klingt, dass ich mit meinem Charakterbild einen letzten Trumpf Schopenhauer's gegen die „Philosophieprofessoren" ausspielen wolle, und wenn er gesteht, sich vergeblich bemüht zu haben, zu ergründen, welches dieser letzte Trumpf sein solle und wie ich denn meinen könne, dass es an den Ausfällen gegen die „Philosophieprofessoren" in Schopenhauer's Schriften noch nicht genug gewesen sei, so will ich seinem verirrten Verständnisse mit der nöthigen Zurechtweisung aufhelfen. Allerdings ist es ein höchst tadelnswerthes und „unglückliches" Unternehmen, den Vorrath von persönlichen Invectiven, welche Schopenhauer in seinen Schriften gegen zeitgenössische Philosophen, gegen Fichte, Schelling, Schlegel, Schleiermacher, Hegel, Herbart u. a. angesammelt, dadurch über's Zehnfache zu vermehren, dass man „ohne Vorbedacht und Sorgfalt hingeworfene Briefe", in welchen sich der Philosoph, in vertraulicher Mittheilung, gegen eine Reihe noch lebender Schriftsteller aus allen Gebieten der Literatur in nackten Schimpfworten ergeht, der Oeffentlichkeit preisgiebt. Ein solches Verfahren ist „um so unverantwortlicher", als damit, neben der Rücksicht gegen die beleidigten Personen, die Rücksicht gegen das Andenken Schopenhauer's selbst bei Seite gesetzt ist. Schopenhauer hat die scharfen persönlichen Angriffe in seinen Schriften mit wenigen Ausnahmen nicht gegen Lebende gerichtet oder doch diese, so lange sie lebten, nicht mit Namen genannt. Und auch den vom Schauplatze Abgetretenen gegenüber nahm er es mit der Wahl der Ausdrücke genau. Das Schärfste, was er je geschrieben, die Vorrede zur Ethik, hat er viermal umgearbeitet, ehe er sie zum Drucke hinausgab. Er schwieg nicht dazu, wenn man bei Citaten aus seinen Schriften Stellen dieser Art auch nur unwesentlich veränderte und liess namentlich keine schärfere Ausprägung ungerügt aufkommen. So nahm er einst Schelling wegen eines solchen ungenauen Citats wider mich förmlich in Schutz. In einem Briefe an Frauenstädt rügt er, dass man ihm nachgesagt, er habe Hegel einen Pinsel unserer Zeit genannt, was er doch nur von den Hegelianern gesagt habe. An einer andern Stelle verwahrt er sich gegen die falsche Nachrede, von Leibnitz gesagt zu haben, dass dieser nur ein Polyhistor gewesen sei. Ebenso empörte ihn die

Uebertreibung, mit welcher Raumer seine Polemik gegen die zweite Ausgabe der „Kritik der reinen Vernunft" referirt, indem er ihm nachredet, Kanten „Furcht für einen paradoxen Narren zu gelten" vorgeworfen zu haben. Gegen die zuchtlos aufgeschossene Saat aristophanischer Grobheit aber, welche Schopenhauer der „breiigen Toleranz" seines Erzevangelisten gegenüber in diesen Briefen cultivirt, sind die schlimmsten Stellen seiner Schriften nur zarte Anspielung und feine Ironie. Es klingt daher „in der That etwas verwunderlich", wenn der Erzevangelist in seiner Vorrede sagt: „Hätte es in meiner Macht gestanden, die vielen in den Briefen vorkommenden Angriffe und Invectiven auf Zeitgenossen zu unterdrücken, so hätte ich es gethan; denn meine Absicht ist nicht, jemanden zu kränken." Nicht allein stand es vollkommen in seiner Macht, es war auch, dem heimgegangenen Freunde wie den beschimpften Personen gegenüber, seine unerlässliche Pflicht und Schuldigkeit.

Hiermit gar nichts gemein hat mein Unternehmen, welches dem *Doctor indefatigabilis* unverständlich geblieben, nämlich: die schroffe Ausnahmsstellung, die vornehme Einsamkeit, die melancholische Alpenstille dieses ganz der Erkenntniss gewidmeten Lebens dem grossen Haufen überhaupt und ganz besonders dem grossen Haufen derjenigen gegenüber, die sich schon

deshalb zur Philosophie berufen glauben, weil sie zufällig ein Gewerbe daraus machen, auf anderm Wege
noch, als dies Schopenhauer selbst schon in seinen
Schriften gethan, durch eine wahrhafte, kernige,
unvertuschte Skizze seines Charakters *ad hominem* zu
demonstriren und lehrreich zu machen. Diese meine
Absicht habe ich von vorn herein so bestimmt ausgesprochen, dass ausser dem *Doctor indefatigabilis*, bei
welchem das *velle non discitur* im Wege stand, kein
redlicher Leser darüber im Zweifel sein konnte. Nicht
weniger einleuchtend ist, dass der letzte Trumpf gegen
die „Philosophieprofessoren" einfach in dem Vergleiche
liegt, den jeder derselben zwischen sich selbst und
diesem, wie immer einseitigen und an der Welt irre
gewordenen, doch wahrhaft hochgearteten Geiste anzustellen vermag. Selbst wenn meine Darstellung dahin
führte, dass ein solcher Vergleich in den Augen der
Meisten zu Schopenhauer's Ungunsten ausfallen müsste,
würde ich deshalb meine Aufgabe im Sinne meines
Freundes keineswegs verfehlt haben, indem ich aus-
schlieslich diejenigen Züge seines Charakters, welche in
seinem Denken und Thun zeitlebens den Ausschlag
gaben, ans Licht gestellt und nicht wiederum durch
hors d'oeuvres unwirksam gemacht hätte. Da weder
Lindner noch Frauenstädt diese meine Darstellung in
irgendeinem Punkte thatsächlich zu berichtigen ver-

mochte *); da sie nicht leugnen konnten, dass alles, was ich von Schopenhauer angebe, der Wahrheit entspricht, und nur über angebliche Unvollständigkeit und einseitige Beleuchtung Beschwerde führen, so kann ich, die Darstellung des allseitigen und vollständigen Schopenhauer ihren Gaben überlassend, sie zum wenigsten darüber beruhigen, dass der scheinbare Grund ihrer Klage — ich meine die Schmähungen, zu denen Klatschblätter längst wurmstichiger Literaten meine Schrift auzubeuten beliebten — Schopenhauer gerade so wenig angefochten hätten, wie mich selbst; dass er im Gegentheil in diesen Angriffen gegen seinen moralischen Charakter nur eine neue Genugthuung für seine

---

*) Doch, in Einem Punkte! Ich hätte „etwas leichtfertig, vielleicht auf Grund unbestimmter Mittheilungen" drucken lassen, dass Herr Wiesike auf Plauerhof für ein Porträt Schopenhauer's eine besondere Kapelle habe bauen lassen, was demselben niemals in den Sinn gekommen sei (S. 99). Weshalb verweist aber der Unermüdliche nicht auf die bestimmte Mittheilung Schopenhauer's selbst, welcher dem Erzevangelisten unterm 17. August schreibt: „Das Unerhörteste aber ist, dass er (Wiesike) mir und dem Maler sehr ernsthaft gesagt hat, er wolle für dieses Bild ein eigenes Haus bauen, darin es hängen soll! Das wäre dann die erste mir errichtete Kapelle. Recitativo: Ja, ja, Sarastro herrschet hier! Und anno 2100? . ." (Steht zu lesen S. 658.) Der Leser mag ermessen, wer hier leichtfertiger hat drucken lassen, ich oder die Evangelisten.

ebenso intensive als lebhafte Antipathie gegen diese ganze Rasse gefunden hätte.

Nicht minder unverständlich erscheint es Herrn Dr. Lindner, wie ich das Einsamkeitsgefühl Schopenhauer's zur Grundlage von dessen Charakter machen wolle. Ich habe nämlich gesagt: Nie hat ein Mensch, obgleich mitten in der Gesellschaft stehend und vertraut mit allem, was sie trägt, sich einsamer gefühlt als Schopenhauer. Der indische Anachoret ist ein geselliges Wesen im Vergleiche mit ihm: denn jenem ist seine Einsamkeit accidentell oder beruht doch nur auf praktischen Motiven; ihm dagegen war sie essentiell und das Resultat der Erkenntniss. Daher erreichte dieses Gefühl in seinem Bewusstsein eine intensive Stärke, die es mit dem der blossen Abgeschiedenheit von aussen nicht vergleichen lässt. — Hierauf nun fragt der Unermüdliche: „Was ist das für eine Art von Abgeschiedenheit, die fortwährend mit den erleuchtetsten Geistern, Philosophen, Dichtern und Mystikern aller Jahrhunderte verkehrt, — die an den wissenschaftlichen und socialen Ereignissen der unmittelbaren Gegenwart den lebendigsten Antheil nimmt, — die an dem Genusse der Natur wie der darstellenden Kunst sich ergötzt und erfrischt, — die jeder verwandten Stimme, auch wenn dieselbe gar schwach sein sollte, gern antwortet, — die endlich auch des allgemein Menschlichen nicht vergisst, in der

reichlichen, regelmässigen Spende an Arme und Hülfs-
bedürftige, — ja die in Erweiterung der christlichen
ἀγάπη an dem Münchener Verein gegen die Thierquäle-
rei Antheil nimmt (!) und in feurigen Zorn ausbricht
bei der Wahrnehmung jeglichen Unrechts, was Mensch
oder Thier widerfahren kann?" Es ist also vergeblich,
dass man dem Verstāndnisse des Unermüdlichen mit
dem Scheuerthore winkt! Damit er aber nicht ver-
einsamter und abgeschiedener auf dieser Bildungsstufe
stehe, als Schopenhauer auf der seinigen, will ich ihm
mit dem Urtheil eines gleich erleuchteten Tischgenossen
Schopenhauer's an Handen gehen, welcher in der frankfurter „Didaskalia" (1863, Nr. 129) seine „Memorabilien" auftischt und sich also vernehmen lässt: „Höchst
merkwürdig ist es in der That, wie man Schopenhauer
einer einsiedlerischen Zurückgezogenheit hat beschuldigen
können. Er erschien täglich an der Tafel eines fre-
quenten Gasthofs; er besuchte täglich das Lesecabinet
des Casinos; er ging nicht selten in öffentliche Gärten,
woselbst zahlreiche Gesellschaft bei Militärmusik sich
versammelte; er liebte das Theater, solange er noch
besser hörte, und speiste jeden Abend in dem vor-
erwähnten Gasthofe zwischen 9 und 11 Uhr zu Nacht!"
Man sieht, Arm in Arm miteinander können diese beiden Freunde Schopenhauer's nicht mich allein, sondern
ihr Jahrhundert in die Schranken fordern.

„Aber", sagt der Unermüdliche: „zugegeben, dass

alle Einzelnheiten, die Herr Dr. Gwinner auf dem
groben Faden seiner Erzählung aneinander reiht, vollkommen richtig seien, so erscheint Schopenhauer doch
dadurch nur in einseitiger und ungünstiger Beleuchtung.
Schopenhauer erscheint mir in dieser Biographie gleich
einem Wachsbilde, behangen mit Kleidungsstücken, wie
sie der Verstorbene zu tragen pflegte; aber niemand
vermag aus der Aehnlichkeit dieser Maske auf die lebendigen Mienen des Originals zu schliessen; niemand
wird durch diesen starren Augapfel die Tiefe und
Klarheit, die strahlende Wahrheitsliebe und die feurige
Begeisterung für das erkannte Richtige und Rechte,
welche aus den blauen Augensternen des «Verhärteten»*)
strahlten, auch nur annäherungsweise wahrzunehmen
vermögen" (S. 17). Meine Darstellung und Beurtheilung
Schopenhauer's „gleicht jenen Gemälden, auf denen der
Maler, statt die darzustellenden Personen selber in
voller Kraft und Bedeutung abzuschildern, einen dürf-
tigen mageren Abriss ihrer Figuren giebt; damit man
aber erkenne, um wen und um was es sich handle,
lässt er ihnen lange Zettel mit der oder jener ihrer
Aeusserungen aus dem Munde hängen" (S. 96). Ja,
noch besser! Andere behaupten, ich hätte Schopenhauer zu sehr idealisirt und ins Schöne gesehen. So

---

*) Wiederum Anführungszeichen, als ob ich diesen Aus-
druck gebraucht hätte!

z. B. Prof. Leo in der Evangelischen Kirchenzeitung, 1862,
Nr. 81: „Schopenhauer steht ihm so erhaben, dass
auch dessen Fehlgriffe nur zu seinem Glanze beitragen
können." Der Unermüdliche aber, welcher im Bunde
mit dem Erzevangelisten jedenfalls die letzte Illusion
über den idealisirten Schopenhauer zerstört hat, findet
das Gegentheil. Ausgehend von der Behauptung, in
meiner Darstellung sei das von Schopenhauer gebrauchte
Wort *bipedes* „bis zum Ekel wiederholt" — was beiläufig gesagt nicht wahr, und wenn es wahr wäre,
noch lange nicht so ekelhaft ist, wie das „Kröten- und
Otterngezücht", die „Hundsfötter", „Schufte", „Lumpen",
„Strohköpfe", „nichtswürdigen Obscuranten" u. s. w.,
welche die Evangelisten aus ihres Meisters Munde in
die Oeffentlichkeit zu tragen keinen Anstand genommen
haben —, fährt er fort: „Aber das ist eben modern;
das ist der angebliche grosse Fortschritt, der gegen-
wärtig gemacht worden ist, dass man, im Gegensatz
zu den Alten, nicht mehr künstlerisch «idealisirt», sondern die «Wirklichkeit» wiedergiebt; das ist so die Art
wie die Bildsäule Beuth's von Kiss in Berlin zwar genau
zeigt, wie Beuth die linke Hand zu halten pflegte, wie
seine Gesammthaltung, seine ganze Figur etwas Ver-
schrobenes hatte, — aber von dem Beuth, dem die
Statue eigentlich errichtet werden sollte, ist daran auch
nicht die leiseste Spur zu entdecken. Ebenso wenig
wird irgendjemand durch die Gwinner'sche Erläuterung

zu dem Grabsteine Schopenhauer's erfahren: wer dieser wirklich gewesen; wie Schopenhauer selber oft (?) ausgesprochen hat: Der, der die Welt als Wille und Vorstellung geschrieben. Eine Dame erzählte mir einmal, in ihrer Kindheit sei sie häufig mit einer Frau zusammen gewesen, die sie später als ganz ausserordentlich schön und liebenswürdig habe rühmen hören; das sei ihr dann ganz verwunderlich vorgekommen; denn ihr sei damals, als Kind, nur eine schwarze Warze an der Nase jener Frau aufgefallen; so habe sie eigentlich nur immer die Warze vor Augen gehabt, wenn von jener Schönen die Rede gewesen. Einen ähnlichen Eindruck machen Anekdoten über eine ausserordentliche Persönlichkeit, wenn daraus der Erzähler ein Gesammtbild derselben zusammenstellen möchte *); ein solches Bild wird im besten Falle nur eine sehr grobe Mosaikarbeit sein, den Stickmustern zu vergleichen, vermöge deren mitunter empfindsame, ästhetisch gebildete Frauenzimmer Schiller und Goethe auf Schlummerkissen zu vergegenwärtigen pflegen. Da sind denn die beiden Dichterfürsten wirklich nichts besseres werth, als dass jeder Schafskopf sie sich zur Unterlage nimmt; mit dem Gwinner'schen Schopenhauer in der Tasche können die Lumpen als Biedermänner herumreisen und

---

*) A. Boden tadelt den Mangel an Anekdoten in meiner Schrift! (Frankfurter Conversationsblatt, 1862, Nr. 278.)

für ihre Firma Geschäfte machen, — und sie thun's
auch bereits" (S. 97).

Handelte es sich bloss darum, die Beweggründe
dieses frivolen Gesudels aufzudecken, so würde ich wahrlich
kein Wort darüber verlieren; allein da Solche, die Schopenhauer nicht persönlich gekannt haben, denn doch nicht
völlig in Zweifel gerathen dürfen, ob mein Charakterbild —
nicht etwa elende Wachspuppen- und Stickmusterarbeit;
denn dass es dies nicht sei, sieht jeder auf den ersten
Blick — sondern ob es treffend oder falsch sei, muss
ich, zu genügender Feststellung dieser Thatfrage, auf
die Gefahr hin für ebenso eitel und indiscret wie die
beiden Evangelisten gehalten zu werden, andere Zeugnisse neben das ihrige stellen. Und zwar will ich
mich nicht etwa auf die, meine Arbeit zum Theil über
Gebühr lobenden Stimmen von Recensenten beziehen,
welche Schopenhauer nicht genauer gekannt haben*),

---

*) Sie heben übereinstimmend die Lebendigkeit, An-
schaulichkeit und Naturtreue meiner Zeichnung hervor.
Europa, 1862, Nr. 5; Blätter für literarische Unterhaltung,
1862, Nr. 9; Didaskalia, 1862, Nr. 11; Süddeutsche Zeitung
1862, Nr. 197; augsburger Allgemeine Zeitung, Beilage, 1862,
Nr. 282; Kölner Zeitung, 1862, Nr. 87; Literarisches Cen-
tralblatt von Prof. Zarncke, 1862, Nr. 20; *Revue germa-
nique, Mars* 1862, p. 145 sq., u. a. m. Selbst der gehässige,
lügenhafte Klatsch in den Grenzboten, 1862, Nr. 18, erkennt
an, dass mein Bild „in den Einzelheiten treu wie eine Pho-
tographie" sei. Nur der „Heiligenschein", mit dem ich an-

sondern auf das Urtheil persönlicher, von dem Meister nach dem eigenen Zeugnisse der Evangelisten, trotzdem dass sie nicht, wie diese, für die Lehre desselben Propaganda machten, besonders hochgestellter Freunde desselben. Ich wähle, um den Leser nicht zu ermüden, nur drei der competentesten aus.

Becker in Mainz urtheilt über meine Charakterzeichnung: „Sie haben wirklich ein gutes und schön gezeichnetes Bild unseres gemeinschaftlichen Freundes geliefert. Viele der einzelnen Züge, die Sie gesammelt und plastisch verarbeitet haben, waren mir bekannt und mit ihnen steht das mir Neue in vollkommenem Einklange.“

A. von Doss in München, welchen Schopenhauer wegen des mächtigen Zugs wahlverwandter Liebe seinen „Apostel Johannes“ nannte (S. 494) und dessen Beziehungen zu dem Meister nach Lindner's eigenem Vorbringen „wahrhaft gemüthreiche gewesen sind“ (S. 98): „Ich habe nun das Buch zweimal mit der grössten Aufmerksamkeit durchgelesen und danke Ihnen von Herzen für den ausserordentlichen Genuss, den Sie mir

---

geblich das Bild umkleidet, die verschönernde „Retouche“ soll nicht dazu passen, einfach aus dem Grunde, weil Herr M. B. für die Würdigung der Grösse Schopenhauer's kein Organ besitzt und besitzen will. Sagt er doch selbst naiv genug: „Für speculative Wissenschaften ist nur noch geringes Bedürfniss vorhanden.“ Für seinesgleichen freilich! Für sie habe ich auch nicht geschrieben; sie sollen sich um andere Dinge bekümmern.

durch Ihre . . . . . . Schrift über den theueren Hinge-
schiedenen bereitet haben. Ihre Charakteristik Schopenhauer's, so getreu dem Urbilde, soweit eine so
eigenthümlich geartete, selbst den treuesten Freunden
immerhin noch in eine gewisse Entfernung sich zu-
rückziehende Persönlichkeit erfasst werden kann,
hat die Erinnerung an die Stunden, in denen ich
dem ausserordentlichen Manne näher zu treten so
glücklich war, auf das Lebhafteste wieder in mir auf-
gefrischt . . . Ja, wie Sie ihn mit wenigen . . . Zügen
geschildert haben, so leibte und lebte, so dachte und
sprach er, der grosse Welt- und Menschenverächter,
dessen Werth, trotz all seiner Verstimmung und Bitter-
keit, doch nicht durch die ephemeren Verdienste von
Tausenden philanthropischer Weltbürger ersetzt werden
kann. Es war keine leichte Aufgabe, die Skizze von
dem Leben eines solchen Ausnahmsmenschen zu entwerfen. Nach meinem Urtheile haben Sie diese Aufgabe in so bündiger und würdiger Weise gelöst, dass
der Verstorbene selbst seine Freude daran haben
könnte, und das will gewiss viel sagen." — Und ein
halbes Jahr später: „Es freut mich, mein Urtheil
wiederholt dahin abgeben zu können, dass Schopenhauer an Ihnen einen seiner exceptionell hohen Stellung
durchaus gewachsenen Biographen gefunden hat; dass
Ihre Auffassung des tiefsten und eigentlichsten Gehaltes
seines Lebens durchaus wahr und getreu ist; kurz, dass

sich Ihre . . . Arbeit, sowohl was die Form als auch den Inhalt betrifft, mit den besten Leistungen auf dem biographischen Gebiete messen kann."

Dr. phil. C. G. Bähr in Dresden, Verfasser der Schrift: „Die Schopenhauer'sche Philosophie in ihren Grundzügen dargestellt und kritisch beleuchtet" (Dresden 1857), dessen frühreife Urtheilskraft Schopenhauer bewunderte: „Verstatten Sie mir nur zwei Worte des Dankes für den grossen, wahrhaft erhebenden Genuss, den Sie mir durch Ihre Schrift über Schopenhauer verschafft haben. Ihre Arbeit wird den Mit- und Nachlebenden von bleibendem Werthe sein. Man empfindet es beim Lesen, dass sie einem inneren Drange, dem Gefühl edler Freundschaft ihre Entstehung dankt; darum trägt man einen höchst erfrischenden und anmuthigen Eindruck davon. Sie vereinigen die wesentlichen grossen Züge zu einem Lebensbilde voll ergreifender Wahrheit, und verschmähen es, die Neugier des Lesers durch Nebenzüge zu bestechen, die dem Gesammteindruck schaden würden und nur der Klatschsucht willkommene Nahrung böten. So wird Ihre Schrift ein wichtiges Denkmal bleiben, gleichsam der Revers zur „Welt als Wille und Vorstellung", weil sie aus der Natur des Bodens, dem jene Weltanschauung entsprosste, die individuellen Eigenthümlichkeiten derselben verstehen lehrt. Der verehrte Abgeschiedene kann Sie für Ihr Buch nicht mehr loben — er hat es vielleicht nie geahnt, dass Sie ihn so ehren würden — darum erlauben Sie es mir, der zu seinen besten und aufrichtigsten Anhängern zählte."

Nach diesen Urtheilen wird man es begreiflich finden, dass der *impetus caecus* des *Doctor indefatigabilis* gegen meine Darstellung auf dem Gebiete der Thatsachen sich nicht genügend austoben konnte. Er wirft sich deshalb zugleich auf den philosophischen Theil derselben. Wenn ich ihm auch dahin folge, so geschieht es nur, um die Charakteristik des ganzen Angriffs vollständig zu machen; denn mich in wissenschaftliche Controversen mit ihm einzulassen, würde mir sonst nie in den Sinn gekommen sein.

Zuvörderst muss ich daran erinnern, dass die beiden Abschnitte meiner Schrift über Schopenhauer's Lehre nur als ἀποφόρητα (Gastgeschenke) zu betrachten sind; daher denn Manches nur angedeutet, mehr noch ganz übergangen ist, was dem Verständnisse Uneingeweihter behülflich hätte sein können. Ich habe gleich in der Vorrede erklärt, dass ich mich zu dieser Lehre nicht bekenne und konnte daher auch nicht erwarten, dass die Anhänger derselben mit meiner Auffassung übereinstimmen würden. Schopenhauer selbst trat mir aus eben diesem Grunde lange nicht näher; denn nicht allein trug ich zur Verbreitung seiner Philosophie nichts bei; sondern ich erhob auch bei jeder Gelegenheit principielle Bedenken gegen sein ganzes

System, sodass bei Schopenhauer's längst abgeschlosse-
nem schroffen Charakter der geistige Verkehr zwischen
uns Jahre lang keine Fortschritte machte. *) „Die Welt
als Wille und Vorstellung" hatte ich erst 1849 gelesen,
kannte jedoch die Grundzüge dieses Werks schon seit
1844. Obwohl nun Schopenhauer's Gedankenkreise mit
den meinigen keineswegs concentrisch liefen, wurden sie
für mich doch ausserordentlich anregend, und so schien
es mir denn auch passend, in einer Schrift, die den
Kern des Menschen Schopenhauer vor den Augen
der Welt entfaltete, ein paar Worte über den des
Schriftstellers mit in den Kauf zu geben. Dass
hierbei an eine, nach irgendwelcher Seite hin er-
schöpfende Darstellung und Kritik, zumal für Unkundige,

----

*) Auch öffentlich trat ich ihm entgegen. In den Kriti-
schen Blättern des Frankfurter Museums, 1857, Nr. 4, besprach ich A. Cornill's Schrift über ihn und sagte unter
anderm: mit dem von Schopenhauer aufgestellten transcen-
dentalen Princip des Willens sei die schwere Aufgabe der
Philosophie noch ganz und gar nicht einer befriedigenden
Lösung entgegengeführt, was er mir sehr verargte. — Ich
lernte ihn schon 1847 persönlich kennen und unterhielt
mich später, ohne ihm vorgestellt zu sein, zuweilen in Gesellschaft Dritter mit ihm. Erst 1854 besuchte ich ihn und
verkehrte dann öfter mit ihm; vertraut aber wurde mein
Umgang mit ihm erst in den letzten vier Jahren seines
Lebens. Danach ist die Mittheilung an Frauenstädt vom
9. April 1854 (S. 611) nicht ganz richtig; denn nicht um
ihn „zu sehen und zu kennen", sondern um ihm näher
zu treten, besuchte ich ihn damals.

nicht gedacht wurde, konnte keinem redlichen Leser entgehen; dem unredlichen und oberflächlichen dagegen war es leicht gemacht, aus dieser auf wenige Seiten zusammengedrängten aphoristischen Skizze je nach Belieben entweder, wo ich meine Gedanken gegeben, mich der Entstellung der Schopenhauer'schen, oder, wo ich diese gegeben, mich der Anhängerschaft zu bezüchtigen. Von diesen beiden Wegen, meine Darstellung zu discreditiren, konnte Hr. Dr. Lindner selbstredend nur den ersteren wählen. Und siehe da! er glaubt „nachgewiesen zu haben", dass ich „in philosophischer Beziehung auch nicht entfernt die Berechtigung besitze öffentlich aufzutreten". *) Sehen wir in der Kürze, mit welchen intellectuellen Mitteln dieser Nachweis zu Stande kommt!

„Als eine Wahrheit", sagt er, „würdig der Ideenlehre Platon's, und Kant's Lehre von der Idealität der Erscheinungen an die Seite gestellt zu werden, wird hier**) Schopenhauer's Ansicht von der Erblichkeit der

----

*) Mit dieser Sprache des Zeitungsschreibers vergleiche man die Urtheile von Gegnern Schopenhauer's, denen Form und Inhalt meines Buchs directes Aergerniss gegeben und die also wahrlich keinen Grund hatten, mich zu schonen, z. B. Prof. Franz Hoffmann in Frohschammer's Athenäum, Bd. 2, S. 139 fg.; J. U. Wirth in der Zeitschrift für Philosophie und phil. Kritik, Bd. 42, S. 300 fg.

**) Seite 2 meiner Schrift.

Eigenschaften, insbesondere von der Vererbung des Willens vom Vater, des Intellects von der Mutter hingestellt. Abgesehen jedoch davon, dass diese Ansicht eine sehr untergeordnete Stelle in der Reihe der glänzenden Gedanken Schopenhauer's einnimmt, ist sie, was die Erblichkeit im Allgemeinen betrifft, ein uralter Erfahrungssatz. Das Eigenthümliche aber, wodurch Schopenhauer diesen Satz näher zu erläutern suchte, ist keineswegs erwiesen. Es ist eine Ansicht, die erfahrungsmässig ebenso oft sich zu bestätigen scheint, als das Gegentheil nachgewiesen werden kann. Ueberdies aber steht diese Ansicht im Widerspruch mit viel bedeutenderen und unzweifelhafteren Ansichten Schopenhauer's."

Merke erstens: Wenn ich von Schopenhauer's Lehre von der Erblichkeit der Eigenschaften rede, so rede ich nicht von dem „uralten Erfahrungssatz" der „Erblichkeit im Allgemeinen". Merke zweitens: Diese Lehre Schopenhauer's, dass der Wille sich vom Vater, der Intellect von der Mutter vererbe, ist keine Erläuterung des „uralten Erfahrungssatzes", dass überhaupt Eigenschaften erblich sind, auch keine Erklärung, warum sie erblich sind; sondern eine Hypothese über die Vererbung bestimmter Eigenschaften von sexuell bestimmten Individuen. Merke drittens: Wenn ich von dieser Lehre Schopenhauer's sage, dass dieselbe als eine besondere Anwendung seines Hauptsatzes von den beiden Grundfactoren der Welt mit zu den philosophischen Lehren gerechnet werden dürfe, welche einen bleibenden Wahrheitskern enthalten und von welchen Schopenhauer sich nach meiner Meinung etwas zueignen dürfe, so hebe ich in dem nämlichen Satze hervor, dass dieses Gebiet der Forschung von Schopenhauer „sozusagen erst mit Einem Fusse betreten", dass diese Lehre Schopenhauer's noch ganz unentwickelt und vielfacher Restrictionen bedürftig sei. *)

---

*) Darüber also, dass „das 43. Kapitel des zweiten Bandes der Welt als Wille und Vorstellung sehr erheblichen Bedenken und Einwendungen unterliege", bedurfte ich der Belehrung des Herrn Dr. Lindner am wenigsten. Die Ausführung, die Schopenhauer seinem Satze giebt, muss sogar als äusserlich und aphoristisch bezeichnet werden. Nach meiner Ansicht könnte die Fortpflanzung einer organischen Kraft durch geschlechtliche Zeugung nur dann berechnet werden, wenn man das, was sich eigentlich fortpflanzt, das stehende organische Maass oder den *nisus* dieser Kraft — welche z. B. im weiblichen Organismus in der einen oder andern Richtung organisch gebunden (unwirksam) bleiben könnte — von dem *robur* derselben, d. h. von der (zwar auch auf organischer Basis stehenden, aber zugleich von einer Reihe weiterer Bedingungen abhängigen) veränderlichen und deshalb zufälligen actuellen Stärke der Kraft, welche sich nicht fortpflanzt, in Abzug zu bringen verstände. Da dies nicht einmal von den lebendigen Kräften des Leibes gelungen ist, darf es nicht Wunder nehmen, dass sich uns die Fortpflanzungsweise der höheren, geistigen Kräfte noch in undurchdringliches Dunkel hüllt.

Herr Dr. Lindner aber will darthun, dass dieselbe im Widerspruch stehe „mit viel bedeutenderen und unzweifelhafteren Ansichten Schopenhauer's" und schickt zu diesem Ende drei Argumente ins Feld, welche vollkommen geeignet sind, uns einen Maassstab für seine kritische Competenz an die Hand zu geben.

Erstes Argument: „Die Ansicht steht zunächst im Widerspruch mit der Aseïtät des Willens; denn die Qualität macht eben das Wesen; ist nun die Qualität des Willens einfach angeerbt, so steht dieser Wille ohne weiteres lediglich im erfahrungsmässigen Kreise des zeit- und räumlichen Daseins und ist ganz und gar zu erklären aus der Causalität, die ihn bewirkt hat. Dann mag der einzelne, der nicht «Gott» anklagen will, weil er ihn gerade so «erschaffen» hat, sich näher und einfacher an seine Vorfahren wenden. Die sittliche Verantwortlichkeit ist damit schlechterdings aufgehoben."

Quae, qualis, quanta! ruft einmal Schopenhauer über ein Urtheil des Erzevangelisten aus (S. 576); welches dialektische Verwunderungszeichen erübrigt für diese Denkübungen des Unermüdlichen? Also „die Qualität macht das Wesen" und weil die Qualität des Willens „einfach angeerbt" ist, so steht dieser Wille „ohne weiteres lediglich im erfahrungsmässigen Kreise des zeit- und räumlichen Daseins!" Der Wille kommt also erst mit dem Kind in die Welt und die Aeltern sind die „Causalität", die ihn „bewirken!" Der *Doctor indefatigabilis* hat also nicht einmal so viel von Schopenhauer's Philosophie inne, dass die Aseität des Willens als Dings an sich von der Fortpflanzungsweise seiner dem Gesetz der Causalität folgenden individuellen Erscheinungen nicht berührt, mithin auch die sittliche Verantwortlichkeit dieses Willens (dessen Fähigkeit der Bejahung und Verneinung) durch irgendwelche dem Erscheinungsgebiete angehörige individuelle Beschaffenheit nicht aufgehoben wird. Was fängt denn der Unermüdliche bei solchen Vorbegriffen mit der Lehre vom angeborenen Charakter, ja mit der ganzen Ethik Schopenhauer's an?

Da diese transcendenten Lehren Schopenhauer's etwas über seinen Horizont zu gehen scheinen, so will ich ihm noch mit folgender Stelle aus Bd. 2, S. 603, der „Welt als Wille und Vorstellung" aufhelfen: „Es ist derselbe Charakter, also derselbe individuell bestimmte Wille, welcher in allen Descendenten eines Stammes, vom Ahnherrn bis zum gegenwärtigen Stammhalter lebt. Allein in jedem derselben ist ihm ein anderer Intellect, also ein anderer Grad und eine andere Weise der Erkenntniss beigegeben. Dadurch nun stellt sich ihm, in jedem derselben, das Leben von einer andern Seite und in einem verschiedenen Lichte dar: er erhält eine neue Grundansicht davon, eine neue Belehrung. Zwar kann, da der Intellect mit dem Individuo erlischt, jener Wille nicht die Einsicht des einen Lebenslaufes durch die des anderen unmittelbar ergänzen. Allein infolge jeder neuen Grundansicht des Lebens, wie nur eine erneuete Persönlichkeit sie ihm verleihen kann, erhält sein Wollen selbst eine andere Richtung, erfährt also eine Modification dadurch, und was die Haupt-sache ist, er hat, auf dieselbe, von neuem das Leben zu bejahen oder zu verneinen. Solcher-maassen wird die, aus der Nothwendigkeit zweier Ge-schlechter zur Zeugung entspringende Naturanstalt der immer wechselnden Verbindung eines Willens mit einem Intellect zur Basis einer Heilsordnung. Denn vermöge derselben kehrt das Leben dem Willen, dessen Abbild und Spiegel es ist, unaufhörlich neue Seiten zu, dreht sich gleichsam ohne Unterlass vor seinem Blicke herum, lässt andere und immer andere Anschauungs-weisen sich an ihm versuchen, damit er, auf jede derselben, sich zur Bejahung oder Verneinung ent-scheide, welche beide ihm beständig offen stehen" u. d. f. Die ganze Stelle beweist zugleich, wie sehr ich im Rechte war, zu sagen: „Das tiefsinnige Central-dogma Schopenhauer's von der androgynen Natur der Welt, in der uns, nach Faust's Ende, das Ewig-Weib-liche hinanzieht, d. h. die Vorstellung den Willen von immer neuen Seiten erhellt und beleuchtet, bis er zur Selbsterkenntniss gelangt und in der Umarmung mit ihr das Sittliche zeugt, steht mit dieser seiner Lehre

von der Erblichkeit der Eigenschaften, wie man z. B
aus seiner merkwürdigen Beleuchtung des Incests sieht,
im nächsten Zusammenhang" (S. 3 meiner Schrift).

Zweites Argument: „Die Weiber", sagt Schopenhauer, „sind kindisch, läppisch und kurzsichtig, mit
Einem Worte zeitlebens grosse Kinder, — der Mann
erlangt die Reife seiner Vernunft und Geisteskräfte
kaum vor dem achtundzwanzigsten Jahre; das Weib
mit dem achtzehnten. Aber es ist auch eine Vernunft
danach: eine gar knapp gemessene; — im Grunde
sind die Weiber ganz allein zur Propagation des Geschlechts da, und ihre Bestimmung geht hierin auf, —
mit mehr Fug, als das schöne, könnte man das weibliche Geschlecht das unästhetische nennen: weder für
Musik, noch Poesie, noch bildende Künste haben sie
wirklich und wahrhaftig Sinn und Empfänglichkeit; sondern blosse Aefferei, zum Behuf ihrer Gefallsucht, ist
es, wenn sie solche affectiren und vorgeben. Das
macht, sie sind keines rein objectiven Antheils an irgend etwas fähig. Man kann von den Weibern auch
nichts anderes erwarten, wenn man erwägt, dass die
eminentesten Köpfe des ganzen Geschlechts es nie zu
einer einzigen wirklich grossen, echten und originellen
Leistung in den schönen Künsten haben bringen, überhaupt nie irgendein Werk von bleibendem Werth haben
in die Welt setzen können." Diese höchst einseitigen

und zum Theil falschen Sätze Schopenhauer's voraus-
schickend und als „erfahrungsgemäss richtig" appro-
birend, fragt Herr Dr. Lindner mit Emphase: „Und
von diesen Weibern sollte der Mann seinen Intellect
erben? Der mittelmässigste reguläre Manneskopf hat
einen stärkern Intellect als das intelligenteste Frauenzimmer."*) Aber der mittelmässigste reguläre Tertianer-
kopf durchschaut die Seichtigkeit und Rohheit dieses
Arguments! Der Unermüdliche scheint in der That
noch nicht über die Rudimente der Physiologie im
Klaren zu sein, sonst müsste er wissen, dass alle Zeugung, als auf dynamischer Verbindung entgegengesetzter
Factoren beruhend, ein Drittes darstellt, dessen Beschaffenheit niemals aus einem derselben allein, sondern immer nur aus beiden zugleich erklärt werden
kann; dass mithin in diesem physiologischen Processe
der weibliche Intellect erst durch den männlichen *fervor*
hindurchgeht und sich überdies verschieden gestaltet,
je nachdem im Erzeugten das männliche oder das
weibliche Princip durchschlägt. In Beziehung auf die
Vererbung des Grads der Intelligenz vollends gilt natürlich allgemein, was Schopenhauer zunächst nur über
die physiologischen Bedingungen des Genies bemerkt:
„Nicht nur ein ausserordentlich entwickeltes, durchaus
zweckmässig gebildetes Gehirn (der Antheil der Mutter)

---

*) Mit dieser Versicherung überbietet er noch den Meister!

ist erfordert, sondern auch ein sehr energischer Herzschlag, es zu animiren, d. h. subjectiv ein leidenschaftlicher Wille, ein lebhaftes Temperament: Dies ist das Erbtheil vom Vater" (Welt als Wille und Vorstellung, Bd. 2, S. 600).

Hieran reiht sich würdig das dritte Argument, womit Herr Dr. Lindner zugleich tiefe Einblicke in das Begattungsgeschäft zum besten giebt, und welches ich, ohne weitere Kritik — denn jeder logische Faden verlässt uns hier — zur blossen Belustigung des Lesers folgen lasse. „Endlich aber ist jene Erbschaftsansicht auch darum nicht durchzuführen, weil sie im Widerspruch mit den Vorgängen der Geschlechtsliebe selber steht. Die in Bezug auf ihren individuellen Willen verschiedensten, einander widersprechenden Naturen stimmen, trotz dessen, sehr häufig in Betreff der Begattung ganz unmittelbar vortrefflich zusammen. Sehr gewöhnlich ist die Erfahrung, dass recht kräftige, tüchtige Kinder aus einem Coïtus hervorgehen, der als die natürliche Versöhnung nach einem heftigen Streite zu Wege kam, und regelmässig kann man bemerken, dass im Coïtus das Weib sich der Gesammtwirkung der überlegenen, männlichen Kraft unterwirft." Jetzt kommt das Beste: „Während der Schwangerschaft aber wirkt das Bild des Geliebten (es ist oft gar nicht der leibliche Vater des Kindes) unausgesetzt in dem Vorstellungskreise der Mutter. Zugleich suchen edlere weib-

liche Naturen instinctmässig die beste ihnen zugäng-
liche intellectuelle Nahrung auf, sei es in der Bibel,
sei es in gewissen Dichterwerken u. s. w. Dass gerade
hierbei aber der männliche Einfluss durchaus vorwalte,
wird doch wohl niemand im Ernste bestreiten wollen"
(S. 11 und 12).

Nach dem Gehörten wird „wohl niemand im Ernste
bestreiten wollen", dass der Unermüdliche „auch nicht
entfernt die Berechtigung besitzt, in philosophischer
Beziehung", nicht etwa „öffentlich", sondern auch nur
privatim „aufzutreten". Doch hören wir ihn weiter!

„Nicht viel besser als mit diesem Eingange des
Gwinner'schen Buches, steht es weiterhin mit der Charakteristik, welche dem Philosophen Schopenhauer
verschiedene Male zu Theil wird. So steht S. 52 zu
lesen: «Die Ergänzung des ethischen Realismus Kant's
zu dem physischen der Sensualisten nicht nur, sondern
auch zu dem ästhetischen Goethe's durch die Verkörperung des kategorischen Imperativs und der pla-
tonischen Ideen im Willen, dessen Wesen gleichwohl die
idealistische Grundansicht beider in sich einschliesst,
dies war seine Aufgabe.» Ich glaube, man könnte eine
Preisaufgabe auf das Verständniss dieser Sätze setzen,
— sie würde ungelöst bleiben. «Die Verkörperung
des kategorischen Imperativs im Willen» Schopenhauer's
Aufgabe? Ja, wenn er das Hexeneinmaleins in Goethe's
Faust ins Philosophische zu übersetzen gehabt hätte."

Ich kann dem geneigten Leser unmöglich zumuthen, einem Nachhülfecursus für die Fassungskraft des *Doctor indefatigabilis* beizuwohnen, indem ich ihr zu lieb meine Gedanken breit schlüge; will deshalb nur beiläufig bemerken, dass die hier angeführte, aus dem Zusammenhang gerissene Stelle sich durch das Vorausgehende erklärt, und in Beziehung auf „die Verkörperung des kategorischen Imperativs im Willen", dass Schopenhauer zwar die Form, in welcher Kant das Sittengesetz einführte, ganz und gar verwarf; dagegen den Gehalt desselben, dessen unmittelbare Gewissheit bei Kant im Gegensatze gegen die Leibnitz-Wolff'sche und als tiefere Fassung der schottisch-englischen Moralphilosophie eben die Hauptsache war, adoptirte; dass er dem, was bei Kant blosses Abstractum (Gesetz, Maxime) geblieben war, dadurch concretes Leben gab, dass er es dem persönlichen Willen als dessen innere moralische Bewegung, im Gegensatz zu dem äusserlichen Soll Kant's, einverleibte. Der Mangel dabei ist nur, dass dieses „bessere Bewusstsein", welches in Schopenhauer's Erstlingsstudien eine wichtige Rolle spielt und dem empirischen Bewusstsein entgegengesetzt wird, in dem Systeme selbst nur den negativen Ausdruck der „Verneinung des Willens zum Leben" gefunden hat.

„Ueberaus seltsam" kommt Herrn Dr. Lindner ferner meine, an den Bericht über Schopenhauer's Universitätsstudien anknüpfende Bemerkung vor, „Schopenhauer's Denken sei in der juridischen und theologischen Richtung mangelhaft ausgebildet geblieben."*) Weshalb dieses Erstaunen des Unermüdlichen? Man höre und staune selbst. „Von der Jurisprudenz könnte man dies allenfalls insofern zugeben, als er überhaupt dem Staate nur einen bedingungsweisen Werth einräumte; dabei ist aber doch nicht zu übersehen, dass, sie mag richtig sein oder nicht, diese seine Ansicht mit seiner gesammten Auffassung von dem Wesen des Menschen in engster Verbindung steht." Also wer dem Staate nicht einen absoluten Werth einräumt (was ausser Hegel keinem Philosophen eingefallen ist), dessen Denken ist in der Jurisprudenz mangelhaft ausgebildet, und wessen Ansicht vom Staate mit seinen übrigen Ansichten in engster Verbindung steht, der ist darum in der Jurisprudenz weniger mangelhaft ausgebildet.

> Mein theurer Freund, ich rath euch drum
> Zuerst Collegium Logicum!

„Aber" — es wird immer besser — „die theologischen Disciplinen! Als wenn diese nach irgend einer Seite hin rein wissenschaftlichen Werth beanspruchen könnten!"

---

*) Ich sage nur „verhältnissmässig" (S. 31 meiner Schrift). Ein grosser Unterschied! Aber solche Kleinigkeiten passen nicht in die Polemik des *Doctor indefatigabilis*, weshalb er sie weglässt.

Entsetzlich! der Redacteur der Königlichen privilegirten Zeitung von Staats- und gelehrten Sachen spricht der Theologie den Charakter der Wissenschaft ab! Die Facultät kann sich ausstreichen lassen; die Theologen müssen Zeitungsschreiber oder Schopenhauer'sche Evangelisten werden, wenn sie künftighin ihr gelehrtes Brod finden wollen! Das lässt auf trübe Erfahrungen schliessen.

„Dass Herr Dr. Gwinner für dies alles nur ein unzureichendes Verständniss besitzt, legt er selbst S. 220 seines Buches an den Tag." Nun referirt er mit obligater Entstellung, was ich gelegentlich der Erzählung meines letzten Besuchs bei Schopenhauer erwähne. Ich muss die Stelle wiederholen: „„Als literarische Neuigkeit hatte ich ihm Baader's Commentar zu St. Martin's Schriften mitgebracht und die Stellen angezeichnet, an denen der Herausgeber seiner erwähnt. Können Sie aber so etwas lesen? fragte er, auf die zufällig aufgeschlagene Stelle S. 86 zeigend: „Der Mensch richtet oder dirigirt sein Wollen, welches er als Odem nur hat, wenn er es empfängt und es empfängt, wenn er es giebt." Es giebt mancherlei Philosophen, abstracte und concrete, theoretische und praktische: Dieser Baader ist ein unausstehlicher. Ich erinnerte ihn daran, dass Baader schon 1836 in der speculativen Dogmatik den Studenten seine Werke empfohlen und trotz des grossen *) Abstandes der beiderseitigen Denkweisen in den Vorlesungen über Jakob Böhme's Theologumena und Philosopheme anerkannt habe, dass Schopenhauer „durch sein Werk und durch seine Aufrichtigkeit sich ein ungleich grösseres Verdienst erworben, als eine Unzahl anderer, in demselben Geiste schreibender Philosophen unserer Zeit" (Baader's Werke, Bd. 3, S. 366). „Es ist wahr", erwiderte er, „ich erinnere mich, er hat glimpflich von mir gesprochen; aber ich kann ihm nicht helfen." Die Form des Philosophirens, welche man einem Böhme und seiner Zeit nachsehen muss, ist im neunzehnten Jahrhundert allerdings unerträglich und hieraus dieses wegwerfende Urtheil Schopenhauer's über einen so mächtigen Geist zu erklären ""

So weit ich; nun der *Doctor indefatigabilis*: „Das geschah zwei Tage vor Schopenhauer's Tode. Es bleibt nun freilich selbstverständlich einem jeden unbenommen, wen er für einen «mächtigen» Geist zu halten beliebt; — aber ebenso zeugt es von dem mangelhaftesten Verständniss des Philosophen Schopenhauer, wenn man ihn, wie diese Erzählung schildert (?), mit Franz von Baader in Berührung bringen will. Die oberflächlichste Kenntniss der Werke dieser beiden Männer kann dar-

---

*) Dieses Adjectiv lässt Herr Dr. Lindner, vermuthlich als nichtssagend weg.

über doch wohl keinen Augenblick einen Zweifel aufkommen lassen, dass Schopenhauer sich gegen Baader rein verneinend verhalten musste. Wenn daher Herr Dr. Gwinner das Urtheil Schopenhauer's über den letztern ein «wegwerfendes» nennt, so wird die Befähigung wie die Berechtigung zu einem solchen Tadel (?) wohl einfach mit der Schopenhauer'schen Frage charakterisirt werden dürfen: Können Sie aber so etwas lesen? Gleichzeitig gibt übrigens dieser Bericht einen hübschen Beleg dafür, dass es Schopenhauer weniger darauf ankam, anerkannt zu werden, als vielmehr darauf, von wem diese Anerkennung ausging" (S. 15).

1) Dieses Lob verdient Schopenhauer nicht; denn wer sich der Anerkennung der Berliner Feuerspritze und der Vossischen Zeitung so lebhaft erfreute, musste auf die — freilich sehr limitirte, aber gerechte — Anerkennung eines Baader grösseren Werth legen, als es nach der erwähnten Aeusserung den Anschein gewinnt. Aber Baader war sein Zeitgenosse und verwarf sein ganzes System. *Hic lepus in pipere!*

2) Meine „Befähigung und Berechtigung", Schopenhauer's Urtheil über Baader ein wegwerfendes zu nennen, wird neben demjenigen, was ich selbst über dieses Urtheil berichte, „einfach charakterisirt" durch das, was in dem nämlichen Gesellschaftswerke S. 671 zu lesen steht. Daselbst schreibt Schopenhauer an den Erzevangelisten Frauenstädt: „besagte höchst ekelhafte

Schmierereien des bigotten und bornirten F. Baader."*)
Ferner S. 681: „Er ist, nächst Hegel, der ekelhafteste
Schmierer. Sein bornirtes Gewäsche wird wohl keinen
irre führen." Hiermit ist zugleich die „Berechtigung"
des Unermüdlichen, meine besagte Bezeichnung dieses
Urtheils zu beanstanden „einfach charakterisirt".

3) Dieses wegwerfende Urtheil Schopenhauer's habe
ich nicht getadelt, sondern es entschuldigt — weit
entfernt, es zu unterschreiben. Mit dieser Entschuldigung aber, sowie mit der Erwähnung des gerechteren
Urtheils Baader's über Schopenhauer ist natürlich nicht
gesagt, dass man beide Männer „in Berührung bringen"
wolle, was ich an der angeführten Stelle mit keiner
Silbe gethan habe.

4) Wenn ich es aber thun wollte, so würde mich
die dreiste und unwissende Radotage eines Skriblers,
der nicht würdig erscheint, einem Geistesheroen der

---

*) Einer der ungerechtesten Vorwürfe, die Schopenhauer
jemals „ohne Vorbedacht und Sorgfalt hingeworfen", und
der deshalb selbstverständlich nie gedruckt hätte werden
dürfen. Schopenhauer hat eingestandenermaassen Baader's Werke nie gelesen; sonst hätte er wissen müssen, dass
Baader gegen die bornirte Unfreiheit der Wissenschaft wie
gegen die bigotte Wissensscheu zeitlebens gekämpft hat.
Ist er doch der erste Katholik gewesen, der mit allen
Waffen germanischer Geistesbildung ausgerüstet die römische
Hierarchie angegriffen und damit dem modernen Katholicis-
mus seine Lebensfrage zum Bewusstsein gebracht hat.

Nation, wie Baader, die Schuhriemen aufzulösen, nicht daran irre machen. Denn „die oberflächlichste Kenntniss" der Werke dieser Männer lässt die Berührungspunkte beider, in der Naturphilosophie und Ethik, nicht verkennen. Beide haben die deutsche Mystik mit ihren Grundgedanken verknüpft. Beide vereinigen sich in dem Antagonismus gegen die, aus Kant's Schule hervorgegangenen idealistischen und realistischen Abstractionsphilosophien; in der starken Betonung des *status corruptionis* der Welt und in der tieferen Würdigung der magischen und ekstatischen Erscheinungen. In diesem Verhältnisse beider war Baader als der umfassendere Geist auch der gerechtere; während man Schopenhauer wiederum den Widerwillen gegen den Mangel einer exacten wissenschaftlichen Methode in Baader's Schriften zugut halten muss, wie ich gethan habe. —

Weiterhin, um zu belegen, „wie unvermittelt mitunter" das, was ich von Schopenhauer berichte, neben dem stehe, was ich über ihn sage, bringt Herr Dr. Lindner (S. 66) folgenden Satz aus meiner Schrift bei: „Es ward ihm nicht so gut, ein Weib zu finden, das ganz dazu geschaffen gewesen wäre, ihn von der überirdischen Macht des Ich-bildenden Willens, an die er nicht glaubte, zu überzeugen." Die überirdische Macht des Ich-bildenden Willens! ruft der Unermüdliche. „Was mag sich der Verfasser darunter vorstellen? Die

Leser werden es schwerlich von selber errathen können; ich wenigstens gehöre nicht zu diesen glücklichen."
Glaub's! er ist überhaupt im Vorstellen beschränkt,
selbst wenn der Gedanke die Beihülfe der Phantasie
gestattet. So geh' er denn bei der Weisheit des Brah-
manen in die Schule, welcher sagt:

> Gar manche Schale muss von deinem Ich sich lösen,
> Zufällig Irdisches, und mancher Rost des Bösen.
> Doch während immermehr dein Ich sich also reinigt,
> Wird immermehr mit ihm des Neuen auch vereinigt.
> Du strebest Tag für Tag durch Lernen wie durch Lehren,
> Durch Denken wie durch Thun, den Kern des Ichs
> zu mehren u. s. w.

Da Herr Dr. Lindner sonach noch die ersten Bil-
dungsversuche mit seinem Ich anzustellen hat, kann es
uns nicht befremden, dass er (S. 13) eine von mir
hervorgehobene Thatsache des Bewusstseins *), nämlich

------

*) Gegen Schopenhauer, Welt als Wille und Vorstel-
lung, Bd. 1, S. 327, Note (3. Aufl.), welcher behauptet, dass
„wir uns unserer selbst an uns selbst und unabhängig von
den Objecten des Erkennens und Wollens schlechterdings
nicht bewusst werden können." J. U. Wirth a. a. O. nennt
die von mir behauptete, oben angeführte Thatsache des
Bewusstseins, welche nicht etwa mit dem sogenannten Ge-
meingefühl (der Vitalempfindung) zu confundiren ist, eine
unleugbare. Obwohl ich nicht der Meinung bin, dass sie auf
der Oberfläche liege und deshalb leicht zu greifen sei,
glaube ich doch sagen zu können: wer sie leugnet, ver-
wechselt sein reflexives Selbstbewusstsein mit dem unmittelbaren. Richtig sagt Prof. Frohschammer (Ueber das
Wesen des Selbstbewusstseins, Athenäum, Bd. 2, S. 119):

die, dass wir uns unserer selbst an uns selbst und unabhängig von den Objecten des Erkennens und Wollens einzig und allein im Gefühl bewusst werden können, in diesem aber bis zum höchsten Grade der Selbstbesinnung*), um desswillen als „philosophisches Od" perhorrescirt, weil sie „nur im Gefühl wurzeln soll".

Auf Grund der vorgetragenen Beweise findet Herr Dr. Lindner meine Darstellung der Lehre Schopenhauer's „geradezu ungeniessbar". Dagegen ist nichts zu sagen; denn jeder vermag nur die seiner Natur angemessene Nahrung zu geniessen, wie dies, *sans comparaison*, schon Pfeffel's Kater lehrt: „uns Katzen ekelt vor dem Wein!" Was aber der *Doctor indefatigabilis* und der Erzevangelist goutiren und dem gutgläubigen Leser zu schmecken geben — da sehe man zu! Eine geschmack-losere Stoppel- und Aehrenleserei ist noch nicht da-

---

„Von unserem Ich haben wir keine Vorstellung, weil kein Bild; nicht einmal einen Gedanken, insofern ein Begriff damit ausgedrückt sein soll, sondern das Ich ist unmittelbares Bewusstsein des Selbst." Dies ist gerade der Grundirrthum Schopenhauer's, dass er nur einen (an sich selbstlosen) Willen und an diesem Willen ein Bewusstsein (Vorstellung) kennt; aber kein eigentliches Selbstbewusstsein; dass er mithin den Begriff des persönlichen Geistes verkennt, indem er das Ich als blosses Phänomen des Intellects fasst, welches mit diesem verschwindet.

*) Nicht „Selbstbestimmung", wie Lindner schreibt.

gewesen. Die in diesem 762 Seiten langen, wüsten Durcheinander als erfrischende Oasen auftauchenden Stellen aus den gedruckten Schriften und den Manuscripten Schopenhauer's aber bestätigen meine Darstellung seines Charakters nicht nur, sondern variiren auch das Thema freier als gut ist. Kann es Wunder nehmen, wenn nun Schopenhauer für jedes erbitterte oder muthwillige Wort herhalten muss und auf Grund dieses Elaborats seiner Evangelisten selbst neutrale Stimmen den Charakter des Mannes verdammen? Wenn daher jemand in der Süddeutschen Zeitung (No. 65 von 1863) sagt, es müsse wohl wahr sein, was Schopenhauer selbst in den hier mitgetheilten Briefen an Frauenstädt behaupte, dass seine Anhänger ihm mit einem gewissen Fanatismus ergeben seien, denn ohne diesen verblendenden Fanatismus hätte es Hrn. Frauenstädt nicht entgehen können, wie ungünstig auf die Beurtheilung des Charakters Schopenhauer's seine Publication wirken müsse; so füge ich hinzu: diesen von den beiden Evangelisten zurecht gemachten Schopenhauer in der Tasche (um dem Unermüdlichen seine Phrase zurückzugeben), ist zugleich jeder Neuling gegen alle Ansteckung des Fanatismus gründlich bewahrt. Dieses Buch wird Schopenhauer keine Parteigänger werben!

Mir werfen sie vor, ich hätte ihn als „völlig gefühllosen Egoisten" (S. 16), als einen Menschen „voll lächer-

lichsten Hochmuths und eitelster Selbstüberhebung"
(S. 96), als einen „brutalen Gesellen" (S. 100) hinge-
stellt — sie, die mich in jeder dieser Richtungen mit
ihrer Publication auf das Maassloseste überbieten!
Wenn ich von Schopenhauer's exorbitantem Selbstgefühl
geredet, so kann man bei seinen Evangelisten hier
Aeusserungen lesen wie diese (1843 an Brockhaus):
„Es handelt sich in der That darum, ein Werk in die
Welt zu setzen (den zweiten Band der „Welt als Wille und
Vorstellung"), dessen Werth und Wichtigkeit so gross
ist, dass ich selbst Ihnen, dem Verleger gegenüber,
solche nicht auszusprechen wage, weil Sie mir nicht
glauben können" (S. 86). „Die grosse Seifenblase
der Fichte-Schelling-Hegel'schen Philosophie ist soeben
im endlichen Platzen begriffen, dabei ist das Bedürfniss nach Philosophie grösser als jemals: man wird sich
jetzt nach soliderer Nahrung umsehen, und die ist
allein bei mir, dem Verkannten zu finden, weil ich
der einzige bin, der bloss aus innerem Berufe
gearbeitet hat" (S. 86). „Ich habe den Schleier
der Wahrheit tiefer gelüftet, als irgend ein Sterblicher
vor mir. Aber den will ich sehen, der sich rühmen
kann, eine elendere Zeitgenossenschaft gehabt zu haben,
als ich" (S. 377).

Wenn ich angeführt, dass sein Denken im religiösen
Gebiete verhältnissmässig mangelhaft ausgebildet geblieben sei, so geben die Evangelisten Einfälle von ihm der

Oeffentlichkeit preis wie diese: „Aber die Juden sind das auserwählte Volk Gottes. — Mag sein; aber der Geschmack ist verschieden: mein auserwähltes Volk sind sie nicht. *Quid multa?* Die Juden sind das auserwählte Volk ihres Gottes, und er ist der auserwählte Gott seines Volkes: und das geht weiter niemanden an." — „Der liebe Gott, in seiner Weisheit voraussehend, dass sein auserwähltes Volk in alle Welt zerstreut werden würde, gab dessen Mitgliedern einen specifischen Geruch, daran er sie überall erkennen und herausfinden könnte; den *foetor judaicus*" (S. 467).*) Ferner folgenden „Dialog von Anno 33: A. Wissen Sie schon das Neueste? B. Nein, was ist passirt? A. Die Welt ist erlöst! B. Was Sie sagen! A. Ja, der liebe Gott hat Menschengestalt angenommen und sich in Jerusalem hinrichten lassen: dadurch ist nun die Welt erlöst und der Teufel geprellt. B. Ei, das ist ja scharmant." (S. 461.)**) — Wenn ich an dem Ver-

---

*) Schopenhauer verkehrte mit Juden und sein vieljähriger Freund Dr. M. Emden war ein Jude, ja von seiner ganzen in Berlin sesshaften Anhängerschaft sagt man dasselbe; wonach wir nur einen weitern Act der Selbstverleugnung der Evangelisten anzuerkennen hätten.

**) Zur Rechtfertigung Schopenhauer's vergesse man nicht, wie einsam dieser lebte und wie er deshalb viele Einfälle niederschrieb, deren sich andere im Gespräch entledigen können, wo dann in der Regel der eine den andern wieder gut macht. So lässt der Erzevangelist (S. 170) Schopen-

hältnisse Schopenhauer's zu seiner Mutter und Schwester Anstoss genommen, so findet dagegen der Erzevangelist in diesem Verhalten keinen Mangel an Pietät. Dies liesse sich noch hören; aber unerhört ist, dass er auf derselben Seite, in demselben Athem erzählt, wie Schopenhauer ihm für die Mittheilung eines geringschätzigen Urtheils Anselm Feuerbach's über Johanna und Adele Schopenhauer, welches die erstere gemüth- und seelenlos nennt, mit den Worten dankt: „Die Charakteristik ist nur gar zu treffend. Habe, Gott verzeih mir's, lachen müssen" (S. 209).

So geht es durch das ganze Buch. Einige Gedanken Schopenhauer's von bleibendem Werth, welche hier aus den nachgelassenen Manuscripten, besonders der frühsten Zeit, mitgetheilt werden, und welche in der übereilten neuen Auflage der Parerga und Paralipomena eine passendere Stelle gefunden haben würden, sind

---

hauer im Gespräch mit ihm sagen: „Wenn es keine Hunde gäbe, möchte ich nicht leben." Auf S. 292 aber sagt derselbe Schopenhauer: „Wenn ich bei der Verfolgung eines Gedankens unterbrochen werde, besonders durch ein Thiergeschrei, das zwischen meine Gedanken hereinfährt, wie das Henkerschwert zwischen Kopf und Rumpf, — da empfinde ich eines der Leiden, die wir verwirkt haben, als wir mit Hunden, Eseln, Enten in Eine Welt herabstiegen." Hier hebt wenigstens diese zweite Stelle den übeln Eindruck der ersten wieder auf; wenn anders der Leser, nachdem er bis zur ersten gekommen, noch Geduld, bis zur zweiten durchzudringen, gehabt haben sollte.

geeignet, auf die Grundgedanken seines Systems und dessen Entstehungsweise neues Licht zu werfen und das im siebenten Abschnitt meiner Schrift als das Eigenthümliche und Bedeutsame der Schopenhauer'schen Philosophie Hervorgehobene zu erhärten.

Ich habe meine Darstellung dessen, was er lehrte, mit den Worten eröffnet: „Vauvenargues sagt: die grossen Gedanken kommen aus dem Herzen ...*) Auch Schopenhauer's Philosophie kam aus dem Herzen; wenn man bis zu ihrer Wurzel durchdringt und sich nicht von einer nebenher gehenden, scheinbar widersprechenden Theorie irre leiten lässt." Die maassgebende, durchgreifende Bedeutung dieser Einsicht für das Verständniss seiner ganzen Philosophie liegt jedoch in seinen Schriften keineswegs so offen zu Tage, dass es überflüssig gewesen wäre, sie hervorzuheben. In seinem späteren Gedankenkreise heisst es nur, indem Kant's Definition der Philosophie als einer Wissenschaft aus blossen Begriffen bestritten wird: „Die Philosophie muss, so gut wie Kunst und Poesie, ihre Quelle in der anschaulichen Auffassung der Welt haben; auch darf es dabei, so sehr auch der Kopf oben zu bleiben hat, doch nicht so kaltblütig hergehen, dass nicht am Ende der ganze Mensch, mit Herz und Kopf, zur Action

---

*) Lange vor dem französischen Moralisten hat dasselbe Cervantes gesagt: „Das wahre Genie kommt aus dem Herzen, nicht aus dem Kopfe." Don Quijote, II. 16.

käme und durch und durch erschüttert würde. Philosophie ist kein Algebra-Exempel. Vielmehr hat Vauvenargues recht, indem er sagt: *les grandes pensées viennent du coeur"* (Parerga, Bd. 2, §. 9). Zugleich aber sah er sich — durch seine falsche Analyse des Selbstbewusstseins — genöthigt, den Dualismus zwischen Herz und Kopf (bei ihm gleich Wille und Vorstellung) bis zu dem Satze zu treiben, dass die eigentliche und echte, d. i. bei ihm die objective Erkenntniss (Erkenntniss der Ideen), mit welcher das Genie die Welt erleuchte, in der Freiheit des Intellects vom Dienste des Willens wurzele. Finden wir so in seinem Systeme das „Herz" mit dem Willen und den Willen mit dessen Richtung auf die irdische Sinnenwelt identificirt, so treten uns dagegen aus dem Gedankenkreise des, noch in keinem bestimmten Systeme festgefahrenen Jünglings zwei, von jenen Irrthümern freie Einsichten entgegen, auf die er alles Gewicht legt und deshalb in verschiedenen Wendungen immer wieder zurückkommt. Die erste derselben lautet: Die Philosophie ist Kunst.

„Dass die meisten Menschen keine Philosophen werden, kommt daher, dass das Concrete, Einzelne der Erscheinung, die Mannichfaltigkeit der Erfahrung, durch ihren Schein von Realität, ihre Aufmerksamkeit fesselt, sodass, wenn sie sich von jenen abziehen sollen zu einer Betrachtung des Ganzen der Erfahrung, ihnen angst und bange wird, wie dem Kind, wenn die Amme weggeht. Dem Philosophen hingegen wird eben in diesem Strom der einzelnen Erscheinungen angst und bange; und wie jene nicht die Geduld haben, sich vom Einzelnen und Mannichfaltigen zu entfernen und es fortfliessen zu lassen, um das Ganze zu betrachten; so hat dieser nicht die Geduld, das Einzelne zu betrachten, bevor er weiss, was er aus dem Ganzen zu machen hat." ... „Es war zu voreilig, dass man aus dem bisherigen Misslingen die Hoffnung auf eine genügende Philosophie aufgab. Man hätte wenigstens denken sollen, dass auch hier *est quadam prodire tenus*. Aber die Hoffnung soll man aufgeben, dass eine genügende Philosophie, das Abbild der Vollendung der Besinnung des Menschen, je dem dumpfen, besinnungslosen, taumelnden Pöbel einleuchten können und *à la portée de tout le monde* sein werde, Sie wird Kunst sein und, wie diese, nur Wenigen wirklich da sein. Denn für die Meisten sind weder Mozart, noch Rafael, noch Shakespeare je dagewesen: eine unübersteigbare Kluft trennt diese auf immer von der Menge, wie die Nähe der Fürsten dem Pöbel unzugänglich ist. Anders kann es auch mit der echten Philosophie nicht sein."   „Meint ihr denn, Philosophie werde nicht sein, wie jedes echte Kunstwerk, das unerreichbare Maass, an dem jeder seine eigene Höhe misst? sondern sie werde sein wie ein Rechnungsexempel, das auch der Beschränkteste und

Geistesärmste sich vollständig aneignen und übersehen kann?" . . . „Die Philosophie ist so lange vergeblich versucht, weil man sie auf dem Wege der
Wissenschaft, statt auf dem der Kunst suchte. Daher
hat keine Kunst so entsetzliche Pfuscherei aufzuweisen
als diese." . . . „Der Philosoph vergesse nie, dass er
eine Kunst treibt und keine Wissenschaft."...
„Nicht dem Warum gehe er nach, wie der Physiker,
Historiker und Mathematiker, sondern er betrachte bloss
das Was und lege es in Begriffen nieder (die ihm sind,
was der Marmor dem Bildner), indem er es sondert
und ordnet, jedes nach seiner Art, treu die Welt
widerspiegelnd in Begriffen, wie der Maler auf der
Leinwand." „Alle Philosophen haben darin geirrt,
dass sie die Philosophie für eine Wissenschaft hielten,
und sie daher am Leitfaden des Satzes vom Grunde
suchten." . . . „Meine Philosophie soll von allen bisherigen (die platonische gewissermaassen ausgenommen)
sich im innersten Wesen dadurch unterscheiden, dass
sie nicht, wie jene alle, eine blosse Anwendung des
Satzes vom Grunde ist und an diesem Leitfaden daher-
läuft, was alle Wissenschaften müssen. Daher sie
auch keine solche sein soll, sondern eine Kunst.
Aus dem Gewirre unseres Bewusstseins wird sie jede
einzelne Thatsache herausheben, bezeichnen, benennen,
wie der Bildner aus dem grossen ungestalteten Marmor-
felsen bestimmte Formen heraustreten lässt."

Also: nur was dem Maler die Leinwand und die Farben, dem Bildhauer die Masse, dem Musiker der Ton — das sind nach Schopenhauer dem Philosophen die Begriffe, ja der Verstand selbst. Alles, was an sich ausser den Grenzen des Verstandes liegt, soll der Philosoph in Begriffen (verstandesmässig) darstellen, so weit und so viel als davon in Begriffe gehen will; obwohl er weiss, dass diese oft nur wenig davon aufnehmen, dass sie gleich dem Marmor eine harte, spröde, farblose Masse sind und sich ihnen nicht einmal eine den Sinnen erfreuliche Seite abgewinnen lässt. *) Er begnügt sich; wie der Maler, der vom Körper nur den Schein geben, und der Bildner, der keine Farben aus dem Stein hauen kann. Wollte der Philosoph mehr, so gliche er einem Maler, der von der Leinwand sich entfernend in die leere Luft malte und Farben verspritzte, oder dem geschmacklosen Bildhauer, der seine Statuen anmalt. So wenig aber als die Steinmasse den Bildhauer macht, macht nach Schopenhauer der Verstand den Philosophen. Dies ist der Sinn jenes Satzes, dass die grossen Gedanken (Ideen) aus dem Herzen kommen, und in diesem Sinne hat Schopenhauer philosophirt. In demselben Sinne sagte er einst: „Diejenigen, welche behaupten, dass sich ohne Worte

---

*) Hieraus erklärte Schopenhauer auch den unvergleichlichen tiefen Ernst der Philosophie.

nicht denken lasse, kennen das beste Denken nicht."
Wer nun die tiefere Bedeutung dieses Satzes nicht ver-
steht und dessen weitgreifenden Zusammenhang mit
den Aufgaben der Philosophie nicht ermisst, der stelle
Schopenhauer einstweilen zu den Romantikern, da ist
er gut aufgehoben, bis ein Anderer ·kommt, der das
Räthsel löst; der Gehalt seiner Lehre wird davon nicht
berührt, und die Nachwelt mag entscheiden, ob wir es
hier mit einem „Einfall" zu thun haben, oder aber
mit der Rohheit und Unempfänglichkeit eines ganz in
das irdische Leben versenkten Zeitalters.

Hiermit nahe verwandt ist der andere Gedanke,
·welcher in der Seele des Jünglings mächtig aufblitzte
und die düstere Nacht seines Erdenlebens durchleuch-
tete: es ist der von der Duplicität unseres Bewusstseins.

„Welch ein Gegensatz! Einerseits finden wir nur
die Materie als real, bleibend, wahrhaft seiend, die
Form dagegen als hinfällig, verschwindend, nichtig.
Andererseits ist nur die Form das Reale, von Zeit und
Raum Freie, die nur die Art ihres Erscheinens sind,
wie die Materie eben nur ihre Sichtbarkeit. Die Form
($\varepsilon\tilde{\iota}\delta o \varsigma$) ist unvergänglich, weil sie ausser der Zeit liegt;
die Materie ist unvergänglich, weil sie in unendlicher
Zeit (die ihr nichts anhaben kann) besteht. Diese
Antinomie liegt nicht in der Vernunft, sondern
sie ist der Wendepunkt, auf dessen Spitze die Welt

balancirt: sie ist einer der Ausdrücke des Gegensatzes
zwischen empirischem und besserm Bewusstsein: jede ihrer Antithesen ist wahr und ist falsch,
je nachdem man auf diesem oder jenem Standpunkt
steht. Sie ist theoretisch, was Tugend und Laster
praktisch. Der erste Standpunkt ist der der Wissenschaft, der zweite der der Kunst. Zum ersten leitet
die Vernunft, zum zweiten das Genie. Alle Philosophen haben auf einem von beiden gestanden. Auf
dem ersten Aristoteles und fast alle: auf dem zweiten
sehr wenige, aber Platon und Kant. Auf dem ersten
steht der Empirismus, aber eigentlich ebenfalls der
Rationalismus, weil eben die Vernunft so gut, als Sinne
und Verstand, dem empirischen Bewusstsein an-
gehört, der Erkenntniss nach dem Satz vom
Grunde: als der wahre Gegensatz vom Empirismus
und Rationalismus steht auf dem zweiten Standpunkt
der echte Kriticismus." . . . . „Aber das bessere Bewusstsein kennt weder Object noch Subject:
es steht also auf keinem von beiden Standpunkten,
da auch die platonische Idee ein Object ist. Aber seine
Aeusserung, das Genie, steht auf dem zweiten Standpunkt. Seine andere Aeusserung, die Heiligkeit,
besteht darin, dass man die Idee der Welt anschaut
und sie nicht will." . „Das in uns, was sich über
die Sinnenwelt erhebt, das jenseits aller Erfahrung, also
aller Vernunft, sowohl theoretischen, wie praktischen lie-

gende bessere Bewusstsein hat mit ihr nichts zu thun, als insofern es, vermöge seiner geheimnissvollen Verbindung mit ihr in Einem Individuo, auf sie stösst, wo dann dem Individuo die Wahl entsteht, ob es Vernunft oder besseres Bewusstsein sein will. Will es Vernunft sein, so wird es als theoretische Vernunft ein Philister, als praktische ein Bösewicht. Will es besseres Bewusstsein sein, so können wir positiv von ihm nichts weiter sagen; denn unser Sagen liegt im Gebiet der Vernunft, wir können also nur sagen, was auf diesem vorgeht, wodurch wir von dem besseren Bewusstsein nur negativ sprechen. Die Vernunft also leidet dann eine Störung: als theoretische sehen wir sie verdrängt und an ihre Stelle das Genie, als praktische sehen wir sie verdrängt und an ihre Stelle die Tugend treten."

Schon frühe also war das vierte Buch der Welt als Wille und Vorstellung in seinem Geiste präformirt. Aber zugleich sagt derselbe Jüngling Schopenhauer: „Das Zeitliche in uns gehört der Zeit, muss in ihr leiden und vergehen: für selbiges ist keine Rettung. Nur das Ewige kann durch Selbstbejahung, d. i. Tugend, sich retten." Hier also kennt er noch eine „Selbstbejahung des Ewigen", welche in dem System zur blossen „Verneinung des Willens zum Leben" geworden ist, weil, wie ich nachgewiesen, der überspannte Idealismus dieses Systems dem „besseren Bewusstsein" sein substantielles Substrat (das Gefühl) entzogen und das *principium individui* als blosse Täuschung des Intellects bestimmt hat.

Wenn Schopenhauer selbst das zwiefache Verdienst seiner Philosophie einerseits in die Zerlegung des Geistes oder Ichs in zwei ganz verschiedene Theile, in einen primären wesentlichen, den Willen, und einen secundären, den Intellect (zweites und viertes Buch der Welt als Wille und Vorstellung), und andererseits in die Zerlegung dieses Intellects in eine Welt der Vorstellung nach dem Satze vom Grunde und in eine solche unabhängig von demselben (erstes und drittes Buch der Welt als Wille und Vorstellung) setzt: so muss man, wie ich gethan habe, anerkennen, dass ihm die Zerlegung des Geistes gelungen ist, aber auf Kosten der Einheit desselben, und dass durch seine auf Platon's und Kant's Schultern stehende tiefsinnige Metaphysik der Idealgrund der Welt neues Licht gewonnen hat, aber auf Kosten des Realgrundes derselben, der in Schopenhauer's überspanntem Idealismus entgründet, zum grundlosen blinden Triebe geworden ist: indem er zwar die Aufgabe der Philosophie mit bewunderungswürdigem Scharfsinne von der Frage nach dem blossen Warum und Wodurch (Erkenntnissgrund und *causa efficiens*) zu der Frage nach dem Was (Seinsgrund *s. str.* oder Existenzialgrund) erhoben; aber diesen selbst wieder nur als blosses Phänomen des Intellects gefasst und mithin die von ihm an die Spitze der Welt als Wille und Vorstellung gestellte Frage Goethe's: *Ob nicht Natur zuletzt sich doch ergründe?* unbeantwortet gelassen hat.